우리고전 100선 06

풀이 되고 나무가 되고 강물이 되어―신흠 선집

우리고전 100선 06

풀이 되고 나무가 되고 강물이 되어—신흠 선집

2006년 11월 27일 　초판 1쇄 발행
2018년 10월 30일 　초판 3쇄 발행

편역	김수진
기획	박희병
펴낸이	한철희
펴낸곳	돌베개
책임편집	이경아 이혜승
편집	김희동 윤미향 서민경 김희진
디자인	박정은 이은정 박정영
디자인기획	민진기디자인
표지그림	전갑배(일러스트레이터, 서울시립대학교 시각디자인대학원 교수)
등록	1979년 8월 25일 제406-2003-000018호
주소	(10881) 경기도 파주시 회동길 77-20 (문발동)
전화	(031) 955-5020
팩스	(031) 955-5050
홈페이지	www.dolbegae.co.kr
전자우편	book@dolbegae.co.kr

ⓒ김수진, 2006

ISBN 89-7199-256-5 04810
ISBN 89-7199-250-6 (세트)

이 책에 실린 글의 무단 전재와 복제를 금합니다.
책값은 뒤표지에 있습니다.
이 도서의 국립중앙도서관 출판시도서목록(CIP)은
e-CIP 홈페이지(http://www.nl.go.kr/cip.php)에서
이용하실 수 있습니다. (CIP제어번호:CIP2006002501)

우리고전 100선 06

풀이 되고 나무가 되고 강물이 되어
―
신흠 선집

김수진 편역

돌베개

간행사

지금 세계화의 파도가 높다. 현재 진행되고 있는 세계화는 비단 '자본'의 문제이기만 한 것이 아니라, '문화'와 '정신'의 문제이기도 하다. 그 점에서, 세계화에 어떻게 대응할 것인가 하는 것은 우리의 생존이 걸린 사활적(死活的) 문제인 것이다. 이 총서는 이런 위기의식에서 기획되었으니, 세계화에 대한 문화적 방면에서의 주체적 대응이랄 수 있다.

생태학적으로 생물다양성의 옹호가 정당한 것처럼, 문화다양성의 옹호 역시 정당한 것이며 존중되지 않으면 안 된다. 그럼에도 세계화의 추세 속에서 문화다양성은 점점 벼랑 끝으로 내몰리고 있는 것처럼 보인다. 하지만 문화적 다양성 없이 우리가 온전하고 행복한 삶을 살 수 있겠는가. 동아시아인, 그리고 한국인으로서의 문화적 정체성은 인권(人權), 즉 인간권리의 문제이기도 하기 때문이다. 그래서 우리 고전에 대한 새로운 조명과 관심의 확대가 절실히 요망된다.

우리 고전이란 무엇을 말함인가. 그것은 비단 문학만이 아니라, 역사와 철학, 예술과 사상을 두루 망라한다. 그러므로 일반적으로 알려져 있는 것보다 훨씬 광대하고, 포괄적이며, 문제적이다.

하지만, 고전이란 건 따분하고 재미없지 않은가? 이런 생각의 상당 부분은 편견일 수 있다. 그리고 이런 편견의 형성에는 고전을 연구하는 사람들에게 큰 책임이 있다. 시대적 요구에 귀 기울이지 않은 채 딱딱하고 난삽한 고전 텍스트를 재생산해 왔으니까. 이런 점을 자성하면서 이 총서는 다음의 두 가지 점에 특히 유의하고자 한다. 하나는, 권위주의적이고 고지식한 고전의 이미지를 탈피하는 것. 둘은, 시대적 요구를 고려한다는 그럴 듯한 명분을 내세워 상업주의에 영합한 값싼 엉터리 고전책을 만들지 않도록 하는 것. 요컨대, 세계시민의 일원인 21세기 한국인이 부담감 없이 '쉽게' 접근할 수 있는, 그러면서도 품격과 아름다움과 깊이를 갖춘 우리 고전을 만드는 게 이 총서가 추구하는 기본 방향이다. 이를 위해 이 총서는, 내용적으로든 형식적으로든, 기존의 어떤 책들과도 구별되는 여러 가지 모색을 시도하고 있다. 그리하여 고등학생 이상이면 읽고 이해할 수 있도록 번역에 각별히 신경을 쓰고, 작품에 간단한 해설을 붙이기도 하는 등, 독자의 이해를 돕고자 하였다.

특히 이 총서는 좋은 선집(選集)을 만드는 데 큰 힘을 쏟고자 한다. 고전의 현대화는 결국 빼어난 선집을 엮는 일이 관건이자 종착점이기 때문이다. 이 총서는 지난 20세기에 마련된 한국 고전의 레퍼토리를 답습하지 않고, 21세기적 전망에서 한국의 고전을 새롭게 재구축하는 작업을 시도할 것이다. 실로 많은 난관이 예상된다. 하지만 최선을 다해 앞으로 나아가고자 한다. 그리하여 비록 좀 느리더라도 최소한의 품격과 질적 수준을 '끝까지' 유지하고자 한다. 편달과 성원을 기대한다.

박희병

책 머 리 에

　상촌 신흠(象村 申欽, 1566~1628)은 조선 시대 문학사에서 빼놓을 수 없는 매우 중요한 작가이다. 조선 중기 시조사의 흐름을 선도한 우리말 작가일 뿐 아니라 이 시기를 대표하는 네 명의 문장가, 즉 한문4대가(漢文四大家) 중 하나이기도 하다. 그런데 이처럼 그가 문학사에 뚜렷한 자취를 남기게 된 것은, 독자를 압도하는 힘을 가졌다거나 웅장한 스케일을 지녔기 때문이 아니다. 오히려 그는 이와는 정반대의 지점에 서 있는 작가이다.
　신흠은 기존의 생각에 얽매이지 않는 자유로운 마음, 외부에서 밀려오는 것에 대화를 걸 줄 아는 부드러운 마음의 소유자이다. 그 자신이 자주 말했던 바 "풀은 꽃이 핀다고 해서 봄에 감사하지 않고, 나무는 잎이 진다고 해서 가을을 원망하지 않는" 것처럼, 그의 마음은 외부의 변화에 지극히 열려 있으며, 그의 감성은 무엇을 지워 내기보다는 무엇을 받아들이는 데 익숙해 있다. 따라서 그의 글은 심원한 사유를 근간으로 하면서도 그 목소리가 나지막한 것이 특징이다.
　이것이 바로 신흠이라는 작가가 갖는 빼어난 점이지만, 바로 이것 때문에 그는 제대로 평가받지도, 널리 알려지지도 못하는 듯하다. 때로는 단일함·단순함이 강한 위력을 가지거니와 일면적이고 강한 목소리에 익숙한 사람이라면, 잔잔하게 울려 퍼지는 그의 목소리를 들을 수 없을 터이기에 말이다. 그런 점에서 물리적 양과 크기, 구분과 분석에 익숙한 오늘의 우리에게 신흠은 낯선 존재로

다가오게 마련이다.

    그러나 낯설다는 것은 그만큼 매력적이라는 뜻이기도 하지 않은가. 글을 읽는다는 것은 글쓴이의 마음으로 들어가는 일이며, 또한 그것은 나 자신의 마음으로 들어가는 일이기도 하다. 글쓴이와의 부단한 대화를 통해 그의 마음에 비친 나를 찾아가는 여정이 바로 글읽기일진대, 한 번쯤 나와 다른 마음의 소유자와 대면하는 것도 값있지 않을까. 신흠의 자유롭고도 부드러운 마음에 비친 오늘의 우리는 어떠한 모습일까. 그것을 확인하는 것만으로도 이 책과의 만남은 소중한 경험이 되리라 믿는다.

2006년 11월
김수진

차례

004 간행사
006 책머리에

209 해설
232 신흠 연보
234 작품 원제
240 찾아보기

난초는 꺾여도 향기를 남길지니

詩

- 021 사행길
- 022 거지의 말을 듣고
- 023 나라 위한 마음
- 024 오랑캐를 걱정하며
- 025 오랑캐 침략 소식에
- 027 목릉 아래에서
- 028 조정 소식을 듣고
- 029 송충이
- 032 농부의 탄식
- 034 김포에서
- 035 심중의 말
- 037 홀로 하는 다짐
- 039 소나무
- 041 답 없는 하늘

제각각 타고난 대로

詩

- 045 거미야, 거미야
- 047 제각각 타고난 대로
- 049 참새
- 050 물고기에게

051 가련한 공작새

053 까마귀와 까치

055 그물 천지

056 인생

057 소리 높여 부르는 노래

059 가난함과 고귀함

061 주인과 객

062 삶과 죽음 그 사이에서

063 눈병

067 무능한 나

한가히, 노곤히, 나지막이

詩

071 햇나물을 보내와

072 봄빛을 보며

073 남산에 올라

074 한가히 북창에서

075 박달나무 베개

077 낮잠

078 꿈같은 세상

079 시골 온 후

082 시골살이
086 일군 대로 먹고사니
087 답청일(踏靑日)에
089 봄날의 흥취
090 달빛 좋은 밤이면

홀로 타는 마음

093 그대 못 보는
094 떠나보내며
095 그리움
096 사랑의 고통
097 그리운 임 계신 곳
098 임의 수레바퀴 되어
099 바람에게 하는 말
100 홀로 타는 마음
102 지봉을 보내며 1
103 지봉을 보내며 2
104 추포의 죽음 앞에
105 꿈속의 재회

詩

노래 삼긴 사람 시름도 하도 할샤

- 109 산촌에 눈이 오니
- 110 초목이 다 매몰한 때
- 111 냇가에 해오라기야
- 112 서까래 기나 자르나
- 113 술 먹고 노는 일을
- 114 얼일샤 저 붕새야
- 115 아침엔 비 오더니
- 116 내 가슴 헤친 피로
- 117 한식 비 온 밤에
- 118 창밖의 워석버석
- 119 봄이 왔다 하되
- 120 술이 몇 가지오
- 121 반딧 불이 돼도
- 122 꽃 지고 속잎 나니
- 123 노래 삼긴 사람

나라를 생각한다

- 127　왜적과 오랑캐 사이에서
- 128　군대와 백성에게 고함
- 130　왜적을 막는 길
- 133　누구에게 잘못이 있나
- 135　백성을 다스리는 법
- 137　인륜이 무너지면
- 139　임금과 권신
- 142　소인의 행태
- 144　가짜 선비
- 146　진정한 유자

세상사 어려움을 겪고 보니

- 149　백사에게 보낸 편지 1
- 151　청음에게 보낸 편지 1
- 153　산속에서 혼자 하는 말
- 156　강가에서 지낸 날들의 기록
- 158　백사에게 보낸 편지 2
- 160　청음에게 보낸 편지 2
- 162　춘천에서 지낸 날들의 기록

현옹은 말한다

- 167　현옹은 어떤 사람인가?
- 170　현(玄)이란 무엇인가?
- 172　큰 깨달음
- 175　장자의 제물론에 대해
- 177　우물 이야기
- 180　부처 사는 삶

지혜로 빚어낸 아홉 편의 이야기

- 185　허물이 없으려면
- 186　벗 사귐의 중요성
- 187　뛰어난 벗을 사귀고 싶다면
- 188　말해야 할 때와 침묵해야 할 때
- 189　젊은이에게 하고 싶은 말
- 190　눈을 가리는 것들
- 191　마음의 소중함
- 192　군자와 소인
- 195　내가 닮고픈 사람

달빛·산빛·꽃빛에 젖어

- 199 달빛·산빛·꽃빛에 젖어
- 202 산중 생활의 즐거움
- 204 산중 생활의 깨달음

신흠 선집 — 풀이 되고 나무가 되고 강물이 되어

난초는 꺾여도
향기를 남길지니

詩

사행길

구월 구일 요동 땅엔 갈댓잎 가지런한데
돌아갈 기약 또다시 패관(浿關) 서쪽에서 막혔다.
쏴―쏴 모래 바람은 변방 소리와 하나 되고
어둑어둑 짧은 해에 기러기 날개 나직하다.
고국의 가족 벗들 소식 끊기려 하고
타향에서 꿈을 꾸니 고향 길 아련하다.
시름결에 망루 올라 다시 바라보니
아득한 사막 뜬구름에 쉽게도 슬퍼진다.

―

九日遼河蘆葉齊, 歸期又滯浿關西.
寒沙淅淅邊聲合, 短日荒荒鴈翅低.
故國親朋書欲絶, 異鄕魂夢路還迷.
愁來更上譙樓望, 大漠浮雲易慘悽.

신흠이 29세 때(1594) 서장관(書狀官)으로 중국을 사행하면서 쓴 시이다. 조선 후기 대표적인 시선집 『기아』(箕雅)와 홍만종(洪萬宗, 1643~1725)의 시평집 『소화시평』(小華詩評)에 실려, 널리 알려진 작품이다. 2구의 패관(浿關)은 청천강 일대에 있던 관문으로 추정된다.

거지의 말을 듣고

바가지 들고 내게 말하길
누더기 한 벌로 또 한 해 보냈다네.
작년엔 부역 많더니 올해는 가뭄기까지
나라 맡은 재상은 무얼 하는지.

―

手把簞瓢向我陳, 懸鶉一衲又經春.
前年役重今年旱, 借問朝家燮理臣.

칠언 절구의 짧은 시이지만, 백성의 고달픈 삶을 안타까워하는 시인의 마음이 따뜻하게 느껴지는 작품이다.

나라 위한 마음

난리 때를 만나
관리가 된 몸.
처음 뜻 그랬겠냐만
세상사에 얼기설기 뒤엉켜,
나라 걱정하는 애타는 충정으로
하염없이 물러나지 못하고 있다.
임금님 계신 곳 높고 높지만
조만간 그곳에 다다르리라.

―

我値干戈際, 仍爲仕宦人.
初心豈如此, 外累轉相因.
耿耿傷時悃, 悠悠未退身.
天閽高九萬, 早晚達楓宸.

시의 첫 구에 나오는 '난리 때'란 임진왜란을 가리킨다. 신흠은 임진왜란이 발발하자 삼도순변사(三道巡邊使) 신립(申砬)을 따라 조령(鳥嶺: 지금의 문경새재) 전투에 참전하고, 정철(鄭澈)과 권율(權慄)의 종사관(從事官)으로 활약하며 군민을 직접 통솔하였다. 이처럼 전란에 뛰어들어 나라를 위해 힘쓰던 그의 모습을 확인할 수 있는 시이다.

오랑캐를 걱정하며

천 리 강산 하찮은 게 아니지 않나
위급하면 번번이 남의 손 빌려 대다니.
조정에 기발한 대책 많다 하면서
긴 끈으로 오랑캐 꽁꽁 묶지 못하나.

―

千里封疆非小物, 欹傾每欲倩人扶.
卽今廊廟多奇策, 何不長纓去繫胡.

북쪽 오랑캐인 여진족이 강성해지고 있다는 소식을 듣고 쓴 시이다. 계속되는 외침에도 불구하고 명나라 지원군에만 의지하는 조선의 무력함을 비판한 작품이다.

오랑캐 침략 소식에

남쪽 왜구 그대론데 북쪽 되놈 몰려와
장졸들 산길에 반이나 죽어 있고,
강가 성곽도 이미 위태하니
봇짐 진 피난민들 누가 지켜 줄까.
백 년 동안 군사를 길러냈건만
대체 왜 하루아침에 무너진 걸까.
조정이 능력 없는 장수를 뽑고
뇌물 받아서 관직 내리니,
그 관리 부임하자마자
백성의 뼈와 살 볶아 댔지.
민심 떠난 곳 바로 오랑캐 오는 자리
나라 몽땅 무너짐은 자초한 게라.
붓과 묵으로 탁상공론 일삼고
나랏일 밀쳐 두고 제 몫만 챙겼으니.
뛰어난 인재 초야에 없겠냐만
알아보는 승상 만나기 어렵도다.
상공께선 임금 신뢰 가득 받아서

그 위세 대단하다고 하니,
상공이여, 힘쓰고 힘쓰소서
백성이 편안해야 상공도 편안하리다.

—

南寇未熄北虜侵, 戍卒半死陰山道.
江邊列城勢已危, 荷擔而立誰相保.
百年休養亦至矣, 一夕橫潰緣何以.
朝廷選帥不用才, 除擢唯爲貨所使.
前官纔去後官來, 朘民之肉熬民髓.
民心離處啓戎心, 土崩瓦解眞自求.
徒持文墨議論間, 國其餘幾皆身謀.
英雄豈乏草萊中, 只是難承丞相顧.
人言相公寵渥殊, 呼吸足以分霜露.
我願相公勤用意, 國奠民安身乃固.

여진족이 변경을 침범했다는 경고를 듣고 쓴 시이다. 1607년에 여진족의 수장 누르하치가 군대를 이끌고 함경도를 침입한 적이 있었다. 이 시는 그때 지어진 것으로 보인다. 이 시에 나오는 '상공'은 당시 함경도 관찰사로 있던 장만(張晩, 1566~1629)을 가리킨다.

목릉 아래에서

아스라한 과거사 동으로 흐른 물이외다
죽지 못한 외론 신하 흰머리 되었다오.
사십이 년 그 세월 꿈결 같은데
목릉(穆陵)의 봄빛에 애달프기만.

悠悠往事水東流, 未死孤臣已白頭.
四十二年如夢裡, 穆陵春色使人愁.

선조(宣祖)의 무덤인 목릉(穆陵) 아래에서 지난날을 회상하며 쓴 시이다. 신흠은 1585년 과거에 합격해서 근 24년간 여러 관직을 거치며 선조를 가까이에서 보필하였다. 그런 만큼 선조에 대한 충심을 자주 노래했는데, 이 시는 그중 대표적인 작품이다. 시의 3구에서 말하는 '사십이 년 그 세월'은 선조가 통치하던 기간을 가리킨다.

조정 소식을 듣고

소식 들으니 두려운 마음
나서나 물러서나 저어되기만.
강가에 머문 지 오래인지라
고향 생각에 꿈도 바쁘네.
지은 허물 산만큼 쌓였다지만
나의 충심은 일월과 같네.
두 눈에 가득 흐르는 눈물
선왕의 무덤가에 뿌려 보고파.

消息聞來懼, 行藏到處妨.
江郊棲泊久, 桑梓夢魂忙.
罪戾丘山積, 愚忠日月光.
唯將滿行淚, 沾泗穆陵傍.

신흠은 선조로부터 영창대군(永昌大君)의 보필을 부탁받은 일곱 신하 중 하나였다. 이 것이 빌미가 되어 그는 광해군 집권 후 김포로 내쫓겼다. 당시 그는 조사를 받고 곧바로 김포로 내려가려 했지만, 조정에서 다시 죄를 내리려 한다는 얘기가 있어서 양포(楊浦) 강가에서 몇 개월 간 체류해야 했다. 이 시는 그 무렵 강가에 있으면서 지은 것이다.

송충이

가뭄 들어 나무 벌레 득실득실
꿈틀대는 놈들 수억 마릴세.
징그런 모양에 혹 털이 듬성듬성하고
다섯 가지 색깔이 알록달록하네.
나뭇가지 기어가며 이파리 갉아 대니
잎이란 잎 싹 사라져 줄기만 남았네.
푸르고 푸르던 산에
벌레 먹지 않은 나무 하나 없구나.
크게는 우뚝한 교목서부터
작게는 뿌리와 등걸까지,
한순간 죄다 갉아져
해골처럼 휑하니 서 있도다.
나무는 말라죽고 벌레는 변신해
휘휘 나는 나비가 되어,
시끌시끌 온 집 안을 헤집고
윙윙웽웽 상자에 달라붙네.
휘저어 쫓느라 피곤한데

부채로도 떨어 내기 어렵도다.
하늘은 왜 이런 놈 만들어 내
잔인하게 남을 해치게 했나.
들으니 옛날 옛적 태평한 시절
만물이 좋은 때를 만나,
기린은 풀 한 포기 밟지 않았고
생물들 일찍 죽지 않았었다지.
어찌해 지금은 운수 어그러져
옳은 이 핍박받고 악한 놈 득세하나.
한(漢)나라 땐 홍공(弘恭)과 석현(石顯)1_ 있어
소망지(蕭望之) 모진 모함받았다지.
당(唐)나라 땐 황노박(皇甫鎛)과 노기(盧杞)2_ 있어
한유(韓愈)와 육지(陸贄) 끝내 배척받았다지.
송(宋)나라 땐 장돈(章惇)과 채경(蔡京)3_ 있어
정이(程頤)와 소식(蘇軾) 북으로 귀양 갔다지.
저런 인간들 나무 벌레와 뭐가 다른가
공연히 마음이 비감해지네.

天旱多樹虫, 蠕蠕其麗億.

1_ 홍공(弘恭)과 석현(石顯): 한(漢)나라 때 전횡을 일삼으며 당시에 충직하기로 이름이 높던 소망지(蕭望之)를 모함하여 끝내 죽음으로 내몰았다.
2_ 황노박(皇甫鎛)과 노기(盧杞): 황노박(皇甫鎛)은 당(唐)나라 헌종(憲宗) 때 한유(韓愈)를 배척해 등용되지 못하게 했고, 노기(盧杞)는 덕종(德宗) 때 강직한 성품의 육지(陸贄)를 모함하여 좌천되게 하였다.
3_ 장돈(章惇)과 채경(蔡京): 송(宋)나라 때 책략가로, 당대의 이름난 유학자인 정이(程頤)와 당대 최고의 문인 소식(蘇軾)을 모함해서 유배 가게 하였다.

形鬆或生毛, 斑駁紛五色.

緣枝而食葉, 葉盡樹皆禿.

蒼蒼萬山中, 無樹不被毒.

大者梗楠梓, 小及株與櫪.

居然一時空, 乾立如白骨.

木枯虫卽化, 上爲拚飛蝶.

薨薨鬧庭階, 擾擾附箱篋.

使我困搘訶, 扇箠苦難拂.

天胡賦此種, 肆虐偏賊物.

吾聞古聖世, 百昌逢時芾.

麟趾不踐草, 生植無夭橛.

如何氣機舛, 正關邪反角.

若漢有恭顯, 望之遭彈射.

若唐有鎛杞, 韓陸終見斥.

若宋有章蔡, 程蘇竟投北.

人虫寧異觀, 我懷徒憎惻.

나무를 갉아먹는 송충이가 마치 군자를 핍박하는 소인과 같다고 노래한 시이다. 이 시를 쓴 1615년 무렵 신흠은 정인홍(鄭仁弘) 일파의 무고로 억울하게 방축된 처지였다. 그런 만큼 당시 시인은 간악한 행동을 저지른 역대의 간신들에 대해 남다른 적개심을 느꼈던 듯하다.

농부의 탄식

동녘 바람 봄기운을 실어 와
높은 땅의 얼음이 풀리려 하고,
찍찍짹짹 지저귀는 숲속 새들
화답하며 서로를 부르고 있네.
농사철 벌써 다가왔으니
호미 메고 이랑으로 나가야지.
들판에 불 놓아 거친 땅 일궈 내고
냇물 트고 언덕 뚫어 물길을 내리.
온 힘 들여 이리 일해도
홍수 날지 가뭄 들지 모르는 농사.
작년엔 지독히 굶주려서
아직도 뱃속이 텅 비었는데,
관아 독촉에 세금으로 다 바치곤
살기 어려워 이웃들도 도망갔지.
농사짓기 참으로 어려운데
무서운 세금 누가 좀 줄여 줄꼬.

一

條風扇淑氣, 北陸氷欲泮.

間關林中鳥, 呦嚶鳴相喚.

農祥候已屆, 荷鋤向壟畔.

燒原已墾荒, 決澗還鑿岸.

筋力雖殫盡, 不知水與旱.

去年苦飢饉, 口服猶未滿.

催租輸縣官, 離落漸逃散.

爲農良亦艱, 誰使誅求緩.

시적 화자를 농부로 설정하여, 백성의 고단한 삶을 사실적으로 묘사한 시이다. 만물이 소생하는 새봄의 활기찬 분위기와 아무리 일해도 굶주림을 면할 수 없는 농부의 삶을 선명하게 대비하여, 하층민의 애환을 효과적으로 그려 내었다.

김포에서

불현듯 가슴속에 근심 차올라
칼 뽑아 땅을 쳐도 성이 안 차네
괴로운 이 마음 뉘라서 알까.
깊은 밤 창 젖혀 북두성 보니
은하수엔 긴 무지개 거꾸로 걸려 있네.

―

忽有幽憂盈我肚, 拔劍斫地意未闌, 傍人那解心腸苦?
夜半拓窓看北斗, 長虹倒掛星河口.

계축옥사로 방축되어 김포로 내려가 산 지 4년째 되던 해(1616)에 지은 시이다. 억울하게 방축된 것에 대한 분노, 나아가 무도한 현실에 대한 실의감이 전면에 드러난 작품이다. 결구의 '은하수엔 긴 무지개 거꾸로 걸려 있다'는 말은, 도(道)가 제대로 구현되지 않는 당대 사회를 비유적으로 표현한 것이다.

심중의 말

태초엔 아무것도 없었거늘
지금 세상 어찌 이리 분분한 건지.
제멋대로 사랑하다 미워하다
세월 따라 이내 마음 달리 먹지.
우뚝한 소나무 골짝에 처박히고
어린 풀은 산꼭대기에 올려지고,
옳은 의견 재야에 묻혀 있고
관리들은 밥만 축내고 있네.
바른말할 자질이 왜 없을까마는
하늘 오를 동아줄 없는 이 신세.
서글퍼라, 아무 말도 못한 채
북받치는 맘으로 옛글을 보네.

—

混沌本無象, 末俗何多端?
紛然徇愛惡, 愛惡與時遷.
喬松藏壑底, 天草居崇顚.

公議在草野, 廊廟但素飱.

豈乏諫諍姿, 天路難夤緣.

傷哉不可道, 慷慨北風篇.

유배의 시련을 겪던 시인의 눈에 세상이 얼마나 부조리하게 보였는지, 그가 느낀 좌절감이 얼마나 심했는지를 미루어 헤아려 보게 한다.

홀로 하는 다짐

가죽신으로 문밖 나서면
날이 갈수록 쌓이는 허물.
내 가는 길 틀린 게 뭘까
옛 생각 정녕 고치지 않으리.
저기 저 들판에는
참새들 유유히 나는데,
나는야 무슨 일로
세상과 어그러졌나.
영욕일랑 한갓 환상 같은 것
육신의 얽매임 벗어나야지.
붓 들고 『시경』을 음미하고
점대 잡고 『주역』을 풀이해 보네.
하늘 아래 문밖만 안 나서면
갈갈이 어그러짐 슬퍼할 일 없을 터.
평소에 지조를 다짐했거늘
뜰 앞 잣나무를 바라보누나.

一

毯履出東門, 悠尤日來積.

吾道豈其非, 抗志不改昔.

眄彼野田間, 黃雀猶安翩.

哂余亦何事, 與世苦乖隔.

寵辱旣如幻, 免爲形所役.

泚筆或稽詩, 得策時繫易.

天下不出戶, 焉用憯分析.

平生歲寒盟, 看此庭前柏.

신흠은 소신을 지키기 위해 은거를 선택했던 도연명의 삶에 깊은 감명을 받아 많은 양의 화도시(和陶詩: 도연명의 시에 차운한 시)를 남겼다. 그중에서도 이 시는, 외적 어려움 속에서도 뜻을 버리지 않던 작가의 꼿꼿한 성격을 잘 보여 주고 있다.

소나무

노송나무랑 소나무
겨울에도 변치 않지만,
냇부들과 버드나무
눈서리 치면 어찌 되나.
노송나무랑 소나무
겨울에도 시들지 않지만,
냇부들과 버드나무
눈서리에 잎이 진다.
어떤 건 오래 우뚝하고
어떤 건 일찍 떨어져,
사람들은 말한다네
이건 올곧고 저건 변한다고.

―――

維檜與松, 凌冬不磨.
伊蒲與柳, 雪霜則那.
維檜與松, 凌冬不凋.

伊蒲與柳, 雪霜則飄.

此晏而喬, 彼夙而零.

人亦有言, 或渝或貞.

계절의 변화에도 아랑곳하지 않는 소나무의 '불변성' 내지는 '항상성'을 칭송한 시이다.

답 없는 하늘

인생사 뜻을 얻기도 못 얻기도 해
세상사 하나 옳으면 하나는 틀려.
그러니 '무위'(無爲)에 부쳐야 하나
오묘한 이 이치 알 사람 누구.
머리 들어 물어도 답 없는 하늘
우습지, 하늘도 이제 늙으셨나 봐.
하늘도 늙었는데 어쩔 수 있담
변하고 변하는 세상 그러라 할 뿐.

―

人生得意不得意, 世事一是還一非.
且可付之無何有, 誰能識此希夷微.
擧頭問天天不語, 却笑如今天亦老.
天亦老奈如何, 滄海桑田任顚倒.

―

시의 5구에서 작가가 하늘을 향해 물은 것은 무엇일까? 천도(天道)란 과연 있는 것인지, 변화무쌍한 인간사를 꿰뚫는 이치는 무엇인지, 어떻게 살아야 하는 것인지 등이 아니었을까? 아무리 물어도 답 없는 하늘, 그때나 지금이나 세상사 막막하기는 마찬가진 게다.

제각각 타고난 대로

詩

거미야, 거미야

1

촘촘한 네 그물보다야
성긴 까치둥지가 낫지.
성긴 까치둥지보다야
비둘기의 집 없음이 낫지.

―

蜘蛛之網兮, 不如鵲之窠兮.
鵲之窠兮, 不如鳩之無家.

2

정교한 네 솜씨보다야
까치의 지혜로움이 낫지.
까치의 지혜로움보다야

비둘기의 어리석음이 낫지.

―

蜘蛛之工兮, 不如鵲之知兮.
鵲之知兮, 不如鳩之痴兮.

제아무리 멋진 거미줄을 가졌다 해도, 드넓은 천지를 자신의 집으로 삼는 비둘기의 자유로움을 따라올 수 있을까? 수고롭게 집을 짓고 그 안에 안주하는 거미는, 소유하지 않는 것의 기쁨을 알 길이 없다. 값비싼 주택에 집착하며 계산적으로 사는 우리의 모습이 이런 거미와 똑같지 않은 지 생각하게 하는 시이다.

제각각 타고난 대로

구만리(九萬里) 오르는 붕새[1] 있으면
간신히 나무 오르는 메추라기 있는 법.
제각각 타고난 대로 살거늘
크고 작음을 어이 따지리.
탁 트인 사람 아니면 보지 못하니
천지도 외려 좁다고 할 판.
높은 공 세우려고들 하나
무덤으로 안 갈 사람 그 누가 있나.
술 있으면 나 따라 주오
술 없으면 내 사 오겠소.
술 좋아하던 유령(劉伶),[2] 죽으면 바로 묻으라 했고
달통한 양손(楊孫),[3] 몸뚱이만 묻어 달라 유언했다지.
그러니 어찌 꼭 별세계에서 신선과 노닐며
하늘만큼 장수해야만 좋다 하리오.

―

九萬之鵬, 必有槍楡之鷃.

[1] 붕새: 『장자』(莊子)에 나오는 상상의 새이다. 북쪽 깊은 바다에 사는 물고기가 변하여 된 거대한 새인데, 큰 바람을 타고 구만 리나 날아올라 남쪽을 향해 날아간다고 한다.
[2] 유령(劉伶): 위진(魏晉) 시대 죽림칠현(竹林七賢) 중 한 사람이다. 술을 매우 좋아해 늘 술병을 가지고 다녔으며, 죽으면 곧바로 묻어 달라고 하면서 삽을 든 사람을 항상 따라다니게 했다고 한다.
[3] 양손(楊孫): 서한(西漢) 시대의 사상가이다. 시신만 묻는 간소한 장례를 주장해서 죽을 때 자신의 몸만 묻어 달라고 유언했다고 한다.

各自其自, 大小何間.

若非曠士能達視, 天地亦不寬.

當復思麒麟之閣, 必有北邙之山.

有酒酌我, 無酒酤我.

劉伶鍤隨, 楊孫葬裸.

奚必游仙聚靈族, 與天齊壽而後可.

붕새가 낫다, 혹은 메추라기가 낫다고 하는 식의 가치 판단을 버릴 때 진정으로 자유로운 삶을 살 수 있다고 설파한 시이다.

참새

참새는 작은 새인지라
느릿느릿 들녘을 날아가네.
그래도 살 곳 있는데
붕새는 어이해 큰 바람만 타는지.

―

黃雀爾其微, 翂翂野田中.
亦自得其所, 大鵬胡培風.

느릿느릿 낮게 날아도 잘만 사는 참새는, 붕새의 원대한 스케일을 이해하지 못한다. 그렇다고 참새의 무식함과 못남을 탓할 수 있을까? 참새는 참새 나름대로 붕새는 붕새 나름대로, 자신의 꿈과 행복을 일구면 되지 않을까? 이 시는 참새의 입장에서, 또 붕새의 입장에서 각기 달리 곱씹어 볼 수 있다.

물고기에게

뭍에 나온 물고기도 물 만나면 살게 마련
큰 고래라도 힘 잃으면 개미에게 지게 마련.
그러니 물고기야 울지 마라
잃음과 얻음은 돌고 도나니.

枯魚得水還復生, 鯨鯢失勢螻蟻制.
魚乎且莫泣, 得失互相逮.

이 시는 표면적으로 보면 죽어 가는 물고기를 위로하는 내용인 듯하지만, 그 이면에는 강하고 약함이란 절대적인 것이 아니라 상대적으로 변화하는 것이라는 생각이 담겨 있다. 곧, 현재의 상황을 고정된 것으로 보지 말고 항상 변화의 가능성을 염두에 두라고 충고하는 시이다.

가련한 공작새

신기한 빛깔의 저 공작새
어느 숲에서 날아온 걸까?
사뿐거릴 때마다 햇살에 반짝반짝
한 쌍에 만금의 값이로다.
흘낏 보니 호협한 한 남자가
나무 그늘에서 총알을 쏘네.
공작의 깃을 가져다가
옷이랑 이불을 꾸미려는 게지.
어이 그리 빛나는 깃을 가져서
뜻밖의 재난을 당하는 걸까?
세상사 모두 이와 같으니
못난 새 불쌍타고 하지들 말 일.

―――

孔翠有奇色, 飛來何處林.
弄影耀朝日, 一雙直萬金.
睠彼游俠子, 挾彈琪樹陰.

欲將身上羽, 貿作衣與飡.

如何翔不冥, 乃使奇禍尋.

世事盡若此, 且莫傷微禽.

아름다운 공작새가 화려한 깃털 때문에 고난을 당하는 역설적 상황을 노래한 시이다. 당나라 때 문인 진자앙(陳子昻)의 「느낀 바 있어」〔感遇〕라는 시를 차운한 것으로, 원작을 이어받은 우언적(寓言的) 성격이 눈길을 끈다.

까마귀와 까치

까마귀는 왜 까악까악 울고
까치는 왜 깍깍쩍쩍 울지.
사람들은 말하길 까마귀와 까치는
길흉이 본래 다른 놈이라,
흉조 까마귀는 쫓아야 하고
길조 까치는 아껴야 한다지.
그러나 군자는 분수대로 살면서
세상 운수야 자연에 맡기니,
사는 건 잠시 부쳐 있는 게요
죽어야 참으로 돌아가는 게지.
하물며 화복(禍福)이 찾아옴은
작은 티끌과도 같은 차이니,
얻는다 한들 귀할 것 없고
잃는다 한들 탄식할 것 없지.
오직 마음 하나 곧게 가지고
험한 일 당해도 평상심 잃지 않으면,
저 새들 나와 무슨 상관인가

제 울고플 때 울 뿐인걸.
그러니 까마귀와 까치를 노래해설랑
글 짓는 이들에게 알리는 거라네.

―

鴉啼何啞啞, 鵲噪何槎槎.
人言鴉與鵲, 吉凶本殊科.
凶宜在所斥, 吉宜在所揚.
君子素位行, 世運任陰陽.
生者是寄爾, 死則乃眞歸.
況乎禍福來, 有若一塵微.
得之不足貴, 失又奚嘆爲.
唯當心地直, 處險如處夷.
禽鳥那與我, 彼自鳴其時.
因成鴉鵲吟, 爲報墨卿知.

까마귀를 흉조로 보고 까치를 길조로 보는 식의 인위적·고정적 시각을 비판한 시이다. 편견과 선입견 없이 사물을 대해야 한다는 작가의 생각이 녹아 있다.

그물 천지

하늘부터 땅까지 전부가 그물인데
활도 모자라 주살에다 칼에다 창까지
갈 곳 없는 새와 짐승 어찌하란 말인지.

―

上天下地爲網羅, 弓弩畢弋兼刀戈, 飛走路絶其如何.

항상 살육의 위험 속에 있는 짐승의 처지를 읊은 시인데, 인간도 예외가 될 수 없다는 점에서 묘한 여운을 준다.

인생

백 년도 못 살면서 만 년 살 계획 세우고
오늘을 살면서 또다시 내일 살 걱정하지.
아둥바둥 사는 인생 끝내 뭣이 남으려나
북망산 무덤 모두 높은 분들 것이련만.

百年便作萬年計, 今日還爲明日憂.
役役一生終底用, 北邙丘壟盡公侯.

사백 년 전 신흠이 살던 시대에도 사람들은 백 년도 못 살면서 만 년이나 살 것처럼 욕심 부리고, 내일에 대한 고민으로 오늘을 소모했었나 보다. 과욕(過慾)과 양적 성취에 길들여져 하루하루 바둥대는 우리의 모습을 되돌아보게 하는 시이다.

소리 높여 부르는 노래

못 믿겠네 인간의 술이
맘속 시름을 덜 수 있단 말.
거문고 끌어다가 한 곡조 뽑고
길게 휘파람 불며 언덕에 올라,
천 리 밖 아스라히 바라다보니
드넓은 광야엔 바람만 불 뿐.
어진 이 미련한 이 한데 엉기어
종국엔 흙만두가 되는 법이니,
하찮은 일로 무슨 이익 얻겠다고
아옹다옹 다투며 척지는 걸까.
누구려나 이 마음 알아줄 사람
내일은 머리 풀고 작은 배 저으리.

―

不信人間酒, 能澆心裏愁.
呼琴彈一曲, 長嘯上高丘.
高丘千里目, 曠野風颼颼.

賢愚同結束, 竟作土饅頭.

錐刀亦何利, 擾擾成讐讐.

誰歟會心人, 散髮弄扁舟.

세속적 삶의 덧없음을 노래한 시이다. 마지막 구는 당나라 때 시인 이백(李白)이 지은 「선주 사조루에서 교서랑 이운(李雲) 숙부를 전별하다」라는 시의 결구, '세상살이 맘에 맞지 않으니, 내일 아침엔 머리 풀고 작은 배 저으리'〔人生在世不稱意 明朝散髮弄扁舟〕의 표현을 차용한 것이다.

가난함과 고귀함

관직이 높으면 고귀한 걸까
거친 음식 먹으면 가난한 걸까.
가난한 사람은 몸이 편하고
고귀한 사람은 맘 수고롭네.
이리저리 아부해 좋은 음식 얻어 낸들
따뜻한 햇볕 쬐는 행복만 못한 법이리.
말세의 풍속 몹시도 경박하나
세상사 날마다 새로워지게 마련.
무엇을 얻고 잃었다 해도
내 어찌 기쁘고 슬퍼하리오.
출렁이는 고통의 바다에서
나루터 못 찾기는 고금이 같네.
망망히 나 홀로 세속을 떠나
태초와 더불어 이웃해야지.
티끌 세상에 몸 댈 곳 없으니
무회씨(無懷氏) 백성이 되고 싶을 뿐.

―

鍾鼎豈必貴, 單瓢豈必貧.

貧者身自逸, 貴者心長勤.

從知五侯鯖, 不及負暄人.

末俗苦澆訛, 世故日交新.

縱有得與失, 吾寧爲戚欣.

滔滔苦海中, 今古共迷津.

渺余獨長往, 太始與同鄰.

塋垠不可托, 願作無懷民.

가난함과 고귀함에 대한 일반적인 생각을 뒤집음으로써, 과연 무엇이 진정으로 풍요로운 삶인지를 논하는 시이다. 결구에 나오는 무회씨(無懷氏)는 상고 시대 천하를 태평하게 다스렸다는 전설상의 황제이다.

주인과 객

손님은 주인 잊고 주인도 손님 잊어
둘 다 서로를 잊어야 그것이 참으로 진짜리.
손의 자리 애써 만든 진번(陳蕃)이 우습노니
떨어진 꽃 향기론 풀 그게 모두 자릴레라.

賓能忘主主忘賓, 賓主相忘却是眞.
却笑陳蕃勞下榻, 落花芳草足爲茵.

주객이 모두 상대를 의식하지 않지만 그 안에 서로를 배려하는 마음이 흐르는 것, 이것이야말로 손님을 맞는 참된 법이라 노래한 시이다. 시의 3구에 등장하는 진번(陳蕃)은 후한(後漢) 시대 인물로, 의자를 매달아 놓고는 당대의 훌륭한 선비인 서치(徐稚)가 오면 의자를 내리고 그가 가면 의자를 올렸다고 한다.

삶과 죽음 그 사이에서

현달한다고 기뻐할 것 없고
가난하다고 걱정할 것 없지.
현달과 가난 그 사이에서
나는야 달라질 것 없네.
산다고 뭘 더 얻는 것 없고
죽는다고 뭘 더 잃는 것 없지.
아득한 삶과 죽음 그 사이에서
나는야 기쁘거나 슬프지 않네.
장작은 타 버려도 불길은 이어지리니
통달한 사람만이 그 이치 알리.

―

達亦不爲懽, 窮亦不爲戚.
悠悠窮達間, 伊我無變易.
生亦不加存, 死亦不加亡.
茫茫生死際, 伊我無慶傷.
薪盡火自傳, 至人通大方.

―

빈부와 생사에 초연한 마음을 읊은 시이다. 시의 9구에 나오는 '장작은 타 버려도 불길은 이어진다'라는 말은, 육신과 형체는 소멸해도 그 정신과 도(道)는 영원히 남는다는 뜻이다. 『장자』 「양생주」(養生主)에 비슷한 표현이 보인다.

눈병

눈 아닌 마음으로 꿰뚫어 본 지 오래라서
조물주가 내 이 두 눈 미워하는지.
눈동자는 본래 맑은 것인데
그 안의 혼탁한 점은 군더더길세.
적막하니 눈 속에 장막 친 듯해
말이랑 소도 분간치 못하겠네.
어두컴컴한 산속 굴에서
어둑하니 홀로 마음 닦는 신세로구나.
옆 사람 뭐라 뭐라 물어 대지만
왜 그런지 볼 수 있으랴.
하지만 두 눈 감으면
어두운 구덩이도 볼 수 있다네.
어둠을 보는 것도 역시 보는 일
굳이 밝게 보기만 구할 것 있나.
보는 일이야 눈에 달렸지만
보게 하는 건 마음의 작용이지.
그러니 마음만 잘 열어 두면

그 밖엔 모두 괜찮은 거지.
푸른 것 흰 것 너무 구별하다간
후회할 짓을 남기게 마련.
콧물 흘리는 다 늙은 내가
분분한 시비에 어이 맘 쓰리.
오직 정신을 거두어들여
돌아가 태초와 함께 노닐어야지.
이 말 실로 비결 담고 있으니
간직하면 날로 마음 편해지리라.
남산 아래 기거하며 문을 닫고선
자취 끊고 벗의 왕래 사절한다네.
부들 깔고 그 위에 가부좌 트니
세상사 개미처럼 하잘것없군.
우물가 오동잎 어느새 누렇고
시절은 한가을로 접어드는데,
조용히 은자처럼 살아가노니
즐거움 어디에도 비할 데 없네.
최고로 높은 이치 깨달았으니
신령한 빛 내 머리를 환히 비치네.
묵묵하고 유연하게 살다 보면

어리석음 속속들이 깨칠 수 있지.
그러니 번잡하게 터럭까지 환히 살피는
이루(離婁)의 밝은 눈이 뭐가 좋으리.

―

妙解久無全, 天公憎兩眸.
阿堵本清淨, 白翳眞贅疣.
雙簾垂寂寞, 了不分馬牛.
冥冥黑山窟, 堪笑昧自修.
傍人有問我, 視是從何由.
方其合眼時, 亦能覷窅幽.
視幽亦一視, 奚必其明求.
視雖在乎眼, 使視乃心謀.
靈闕苟不閉, 餘外皆悠悠.
蒼素太區別, 易於攖悔尤.
鼻涕懶殘師, 頡滑夫豈留.
唯當斂我精, 歸與太始遊.
玆言誠密印, 佩之心日休.
掩戶南山下, 絶跡斷朋儔.
蒲團結跏趺, 萬事等蚍蜉.

井梧葉已黃, 時序向高秋.
默默類藏逃, 此樂難比侔.
且證上乘禪, 神光透吾頭.
守黑而守雌, 牖蒙實綢繆.
紛紛察毫末, 那足貴離婁.

참된 의미의 '눈 밝음'이란 포정해우(庖丁解牛)처럼 눈 아닌 정신으로 대상을 보는 경지임을 말한 시이다. 눈병에 걸린 자신의 모습을 묘사한 대목에서 신흠 특유의 재치를 느낄 수 있다. 시의 마지막 구절에 나오는 '이루'(離婁)는 상고 시대 인물로, 눈이 비상하게 밝았다고 한다.

무능한 나

술은 이미 못 먹거니와
시도 잘 짓지 못하고,
바둑도 둘 줄 모르거니와
거문고 소리도 내지 못하지.
나라에 도움 하나 못 되거니와
이 한 몸 꾸리기도 어렵기만.
여섯 중 하나도 잘 못하니
대체 세상에서 무얼 해내리.
오직 잘하는 건 먹고 자는 일
내키는 대로 자다 일어나지.
누가 괜스레 방해하리오
내 마음 본래 태평한 것을.
얻으면 언젠간 잃게 되는 법
잃지 않고서 어이 얻으리.
누구는 귀하고 누군 천하랴
무엇이 욕되고 뭣이 좋으랴.
어지러운 바깥 세상사

귀를 시끄럽게 하나,
빈 배는 뒤집힐 걱정 없으며
쓸모없는 나무는 천수 누리지.
타고난 바탕 본래 무능해
남들과 싸울 일 면했네그려.

酒旣不能飮, 詩亦不能成.
碁旣不能著, 琴亦不能聲.
旣不能補世, 又不能治生.
六者無一能, 於世將何營.
唯能眠與食, 臥起頗任情.
誰將非意干, 寸地本自平.
得者失之基, 非虧那有成.
誰貴復誰賤, 奚辱且奚榮.
紛紛身外物, 過耳如驚霆.
虛舟寧懼覆, 社櫟全天齡.
不能是素分, 免爲人間爭.

무능하기에 맛볼 수 있는 여유로움과 행복함에 대해 읊은 시이다. 무능함에 대한 일종의 뒤집어 보기가 시도되었다는 점에서 재미있는 작품이다.

한가히, 노곤히, 나지막이

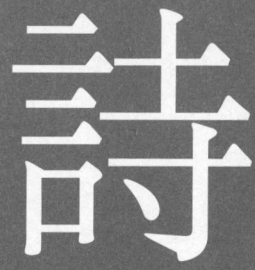

햇나물을 보내와

고기 누린내 밝히는 더러운 세상에서
벗이 정으로 준 나물 귀하고말고.
언덕에서 난 나물에 살짝 간을 하니
부잣집 진수성찬보다 더 낫고말고.

―

浮世悠悠蟻慕羶, 故人情貺豈徒然.
稀鹽淡醋陽坡菜, 絶勝何家食萬錢.

선물에 담긴 벗의 정성을 소중히 생각할 줄 아는 시인의 마음이 곱게 느껴지는 시이다. 1구의 원문에 있는 '의모전'(蟻慕羶)은 『장자』 「서무귀」(徐无鬼) 편에 나오는 표현이다. 개미가 양고기의 누린내를 좋아해서 모여든다는 뜻으로, 사람들이 이익을 좇아 몰려다니는 세태를 비유한 말이다.

봄빛을 보며

한밤에 봄비 내리자
산꽃들 차례로 피어,
보드란 봄빛 즐길 만하니
세상일 서두를 것 없네.
소박하게 살며 도(道)를 지키고
세상에 쓰이지 않고 생(生)을 지키리.
사립문 길이 고요하노니
흥 올라 홀로 대에 오르네.

春雨中宵至, 山花次第開.
韶光良可翫, 世故莫相催.
用拙聊存道, 全生不願材.
衡扉從寂寞, 乘興獨登臺.

봄날의 아름다운 풍경과 시인의 소박한 인생관이 하나가 되어, 맑고 깨끗한 느낌을 주는 시이다. 재주를 부리기보단 서툰 듯 살겠다는 5구의 내용이나, 쓸모없는 나무처럼 살겠다는 6구의 내용에서 노장적 시각을 엿볼 수 있다.

남산에 올라

저물녘 깊은 숲엔 이슬비 내려
붉고 하얀 꽃들 속에 녹음이 섞여 있네.
지팡이 짚고 나가 골짝에 걸터앉고
빈 난간에 기대어 산자락 바라보니,
이따금 숲속 새의 산뜻한 소리 들려오고
때때로 맑은 바람 옷깃 가득 불어오네.
자연을 보노라면 절로 물욕 잊게 되나니
옛사람은 여기서 하늘마음 보았으리.

―

晚來微雨灑長林, 紅白參差間綠陰.
試策孤筇跨絶壑, 更憑虛檻眺遙岑.
乍聞幽鳥能新語, 時有淸風忽滿襟.
觀物自然忘物累, 古人於此見天心.

―――

오랫동안 가물다가 비가 내려 만물이 생기를 되찾은 것을 보고 쓴 시이다. 7구의 표현처럼 인간이 욕심을 잊는 때는 바로 자연을 대할 때가 아닌가 싶다.

한가히 북창에서

책 읽는 게 좋다고 누가 그랬나
책 읽는 거야말로 번거로운데.
난 이제 책 같은 거 보지 않는데
그 속에 진실로 즐거움 있지.
한가히 북창 향해 낮잠을 자서
날이 저물도록 깨지 않으면,
배꽃은 흰 눈처럼 송이송이 날리고
꾀꼬리는 기녀처럼 노래를 하지.
맘속 가득한 바람 다 이뤄졌으니
백 년을 그렁저렁 이와 같이 보내리.

誰言讀書好, 讀書轉多事.
我今不讀書, 不讀眞有致.
閑向北窓眠, 日夕猶未起.
梨花白雪飄, 黃鳥爲歌妓.
滿腹志願畢, 百年聊爾耳.

배꽃이 흰 눈처럼 날리고 꾀꼬리가 노래하는 가운데 시인이 잠을 자고 있다. 시인의 한적한 생활과 7·8구의 경치 묘사가 한데 어우러져 청아한 느낌을 주는 시이다.

박달나무 베개

마노(瑪瑙) 베개 너무 귀하고
호박(琥珀) 베개 사치스러워,
내가 바라는 건
굽은 박달나무 베개로세.
교룡이 하늘로 오르는 듯
용이 발톱으로 채가는 듯,
쪼개고 깎아 내니
향기 물씬 매끄러워라.
너를 베고 잠이 들면
이 마음 편안하도다.
이상향에 들어가
달콤한 꿈을 꾸네.
세상이 어지러우니
너와 함께 숨으련다.
별천지 생활이요
오묘한 즐거움이니,
박달나무 베개야

내 너를 의지하리.

―

瑪瑙過珍, 琥珀過奢.

伊我爲枕, 屈檀之柯.

蛟騰而躍, 龍攫而挐.

斫而琢之, 其芬其澤.

斯寢斯夢, 妥我魂魄.

收菩提界, 爲黑甛鄕.

而不攖寧, 與而俱藏.

建德之俗, 希夷之樂.

枕兮枕兮, 吾其託兮.

박달나무 베개를 의인화해서 '너'[而]로 표현한 점이 재미있는 시이다. 향기로운 박달나무 베개를 베고 달콤하게 잠든 시인의 모습이 눈앞에 보이는 듯하다. 시의 1구에 나오는 '마노'는 흰빛이나 붉은빛을 내는 보석의 일종이며, 15구의 원문에 있는 '건덕'(建德)은 『장자』 「산목」(山木)에 나오는 이상적인 나라다.

낮잠

처마에 부는 바람 늦추위를 빚어내는데
자루에 기대 낮잠을 즐기네.
잠 속 세계 이곳보다 더 훌륭하니
세상사도 한바탕 꿈으로 볼까 봐.

風入松簷釀晚寒, 隱囊欹處午眠安.
睡鄕已比人間勝, 世事還將夢裏看.

언뜻 보기엔 유유자적하게 사는 즐거움을 읊은 시로 보이지만, 단순히 한적한 심사를 노래했다고 보기 어려운 작품이다. 뜻과 같지 않은 세상에 대한 환멸이 3구와 4구처럼 읊조리게 한 것은 아닐까. 신흠의 잠에 대한 애호는, 아픔과 깨달음의 또 다른 표현이 아니었는지 생각해 보게 한다.

꿈같은 세상

꿈인 듯 꿈 아닌 듯 우리네 세상
취하지 않았어도 취한 게 우리네 인간
취했는가, 꿈이런가, 참은 무언가.

—

似夢非夢人間世,

不醉而醉人間人,

醉兮夢兮誰是眞.

어려운 단어를 사용하지 않은 단순한 짜임의 시이지만, '꿈같은 인생을 취한 듯 살아간다'는 이 시의 내용은 감각적이면서도 가슴에 와 닿는다.

시골 온 후

1

나 이제 시골 사투리 마다치 않고
차림도 시골 농부라.
그 옛날 궁궐 드나들 적
얼마나 임금님 욕되게 했나.
일천 가닥 흰머리 짧아졌지만
일만 번 죽어도 임 향한 마음.
바다 이웃해 옮겨 와 사니
어지런 세상 비껴나 좋네.

―

言語休嫌野, 衣冠亦類村.
曾趨靑瑣闥, 幾坫紫微垣.
白髮千莖短, 丹心萬死存.
新居隣海浦, 唯愛屛塵喧.

2

나 여기 처음 왔을 적
곤궁해 옆집 의지하다가
띠풀 엮어 지붕 올리고
흙 쌓아 담장 세웠지.
앞 시내엔 달빛이 맑고
고목엔 갈바람 소리 서려 있구나.
자연스레 이 정경에 응할 뿐이지
시끄런 얘기 피함 아니고말고.

昔我初來此, 艱難賴近村.
葺茅仍作室, 累土且成垣.
月色前溪淡, 秋聲古樹存.
自然聊遇境, 非是避人喧.

3

내가 자주 가는 곳
앞마을 그리고 뒷마을인데,
안개 낀 산은 한 폭의 그림이요
바위길 나무는 담장이로세.
글 속의 어진 이들 옛사람 됐고
풍진 속에 우리들 남아 있지만,
북창 아래 누워 작은 꿈꾸며
뜬세상 재잘거림 아랑곳 않네.

—

杖屨頻來往, 前村又後村.
煙霞山作畫, 巖磴樹爲垣.
簡冊前賢古, 風塵我輩存.
北窓成小夢, 浮世任啾喧.

김포(金浦)로 내려가 산 지 이 년째 되던 해인, 1614년에 쓴 시로 추정된다. 첫째 수에서는 선조에 대한 충심을 읊고 있고 둘째 수에서는 새로 이사한 집에 대해 노래하고 있으며, 셋째 수에서는 김포에서의 일상을 묘사하고 있다. 신흠은 처음 김포에 내려갔을 때 작은아버지 신광서(申光緖)의 집에 얹혀살다가 그 다음해인 1614년 2월 새로 집을 지어 거처를 옮겼는데, 둘째 수의 앞 네 구는 이러한 상황을 노래한 것이다.

시골살이

1

문 열면 시냇물, 밀려오는 벼꽃 향기
시골 사는 참 맛을 이제야 알겠구나.
우연히 늙은 농부와 밭 짓는 얘기하다
어둑어둑 해 진 것도 까맣게 몰랐다오.

―

柴門臨水稻花香, 始覺村居氣味長.
偶與老農談野事, 不知山日已曛黃.

2

난초 꺾어 옆에 차고 연잎 엮어 옷 해 입고[1]_
고기 잡고 나무하며 세상 욕심 죄다 잊네.
등 따숩고 배부르니 무얼 더 바라리오

1_ 난초 꺾어 옆에 차고 연잎 엮어 옷 해 입고: 중국 고대 초(楚)나라의 노래집인 『초사』(楚辭)에서 은자(隱者)의 복식을 형용한 구절을 인용한 것이다. 실제로 그렇게 입었다는 뜻이 아니라 은둔하는 사람으로서의 풍모를 갖추었다는 말이다.

처마 밑에 편히 앉아 아침 햇볕 쬐면 그만.

―

蕙蘭爲佩芰荷衣, 迹混漁樵息世機.
萬事不求溫飽外, 小簷閒坐對朝暉.

3

정하게 쌀을 찧어 새벽밥 지어 내고
게딱지 발라내어 손님 반찬 준비하네.
시골 영감 뭔 일하며 지내냐고 묻는다면
기쁠 것 걱정할 것 없다고 하겠구려.

―

精舂玉粒供晨飯, 旋劈團臍備客羞.
借問野翁何所事, 本來無喜又無憂.

4

단약(丹藥) 구할 필요 있나, 잠 푹 자면 그만이지.
부들 자리에 도자기 베개에 대나무 침상이로다.
하필 꼭 꿈속에서 주공(周公)을 뵈야 하나2_
복희씨(伏犧氏)3_ 꿈꾸면 더욱더 좋으리니.

莫覓仙方覓睡方, 蒲團瓦枕竹匡牀.
何須更作周公夢, 夢到羲皇一味長.

5

윗못엔 일만 송이 연꽃이 피어나고
아랫못엔 일천 마리 고기가 뛰어노네.
이만하면 시골 영감 생계가 넉넉한데
부질없이 부잣집을 바랄 게 뭐가 있나.

2_ 꿈속에서 주공(周公)을 뵈야 하나: 『논어』(論語) 「술이」(述而) 편에 나오는 공자(孔子)의 말을 염두에 둔 것이다. 공자는 평소 주공(周公)의 도를 본받고자 했는데 오랜 시간 꿈속에서 그를 뵙지 못하자 자신의 노쇠함을 탄식한 바 있다.
3_ 복희씨(伏犧氏): 중국 상고 시대 이상적으로 세상을 다스렸다는 전설상의 황제이다.

一

上池種荷荷萬柄, 下池養魚魚千頭.
野翁生計此足矣, 不須更要千戶侯.

김포에 낙향했을 때 쓴 시이다. 평이한 시어를 사용해 전원생활의 즐거움을 소박하게 노래하였다. 특히 첫째 수의 1·2구와 셋째 수의 1·2구에서 현장감과 사실감이 느껴진다.

일군 대로 먹고사니

시골살이 촌스럽다 말들 하지만
도회지 생활보다 낫고말고요.
풍년 들면 그게 곧 즐거움이요
일군 대로 먹고사니 부끄럼 없네.
하는 일 간소하여 얽매임 없고
마음이 넉넉하여 욕심도 적소.
문밖에 오이밭 일궈 놨으니
나는야 옛사람1_과 함께할 테야.

―

村俗雖云野, 方之市朝優.
逢年是爲樂, 食力復何羞.
事簡元無累, 心閑少所求.
靑門有瓜地, 我與爾將儔.

1_ 옛사람: 중국 진(秦)나라 때 관리 소평(召平)을 가리킨다. 그는 진나라가 망하자 다시 출사하지 않고 장안성(長安城) 청문(靑門) 밖에서 오이 농사를 지으며 살았다고 한다.

이 시를 보건대, 신흠은 자연과 대지의 흐름에 맞춰 일하고, 자족하는 삶의 기쁨을 알았던 듯하다. 땅에서 일하며 제 손으로 작물을 일궈 내는 보람, 그렇게 일궈 낸 대로 먹고사는 즐거움을 이와 같이 노래할 줄 알았으니 말이다.

답청일(踏靑日)에

계집종 나물 캐러 가고
동자는 나무하러 가고,
주위에 사람이라곤 없어
그림자를 이웃 삼아 있다.
오늘은 답청일1_이라
물가 경치가 아름다울 터,
나는 왜 적막함을 달게 여겨
허수아비처럼 홀로 앉았나.
일어나 이백(李白) 시를 가져다
시집 전체를 다 읽으니,
고아한 시상 달까지 닿아
훨훨 날아오를 듯 흥취가 인다.
다 읽고 안석에 기대 잠드니
나비 되어 날던 장자(莊子)2_일세라.
잃었다고 슬퍼할 것 없고
얻었다고 좋아할 것 없지.
붓 들어 시 한 편 이뤄 내니

1_ 답청일(踏靑日): 음력 3월 3일 삼짇날을 말한다. 이날 들판에 나가 파랗게 난 풀을 밟는 풍속이 있었으므로 이렇게 이름 붙여진 것이다.
2_ 나비 되어 날던 장자(莊子): 다음의 고사를 바탕으로 한 말이다. 어느 날 장자는 꿈에 나비가 되었는데, 그 꿈이 너무 생생해서 깨어나서도 자신이 장자인지 나비인지 모를 정도였다고 한다.

흉중에 흐르는 한 줄기 기운.

―

一婢去擷菜, 一僮去採薪.
四顧無人聲, 唯依影爲鄰.
今日踏靑節, 風光媚水濱.
我何甘寂寞, 獨坐如偶人.
起取李白詩, 讀之盡其篇.
高談薄雲月, 使我興翩翩.
讀畢隱几眠, 栩栩南華生.
適去不須悲, 儻來邪足榮.
把筆却成詠, 胸次氣空橫.

―

시의 마지막 구에서 말하는 '흉중에 흐르는 한 줄기 기운'이란 무엇일까? 아마도 시인은 술과 달의 시인 이백처럼, 혹은 자유로운 사상가 장자처럼 살고 싶다는 꿈을 꾸었으리라. 어쩌면 '붓 들어 시를 이뤄낸' 그 순간, 작가는 이백과 장자와 하나된 듯한 일체감을 맛보았는지 모르겠다.

봄날의 흥취

후미진 서쪽 거리 게으름뱅이 살기 좋아
복잡한 세상 소식 도시 모르고 지내지.
우스운 건 고요해도 그 속에 할 일 있어
꽃 심고 대나무 가꾸고 시도 또한 읊는다오.

―

西街幽僻懶相宜, 世故紛紛總不知.
却笑靜中還有事, 栽花澆竹又吟詩.

시인에게 봄날에 해야 할 가장 중요한 일과는 꽃을 심고, 대나무에 물을 주고, 시를 짓는 일이다. 어지러운 세상사에서 벗어나 자연과 문학에 빠져 사는 시인의 삶이 아름답게 그려진 시이다.

달빛 좋은 밤이면

늙으니 글 읽기도 귀찮아져
문 닫고 들어앉아 한가히 지내지.
하고픈 거라곤 흥얼흥얼 노래하는 것
달빛 좋은 밤이면 거문고 끌어 오네.

老覺看書懶, 閑從閉戶深.
唯堪供嘯詠, 明月近瑤琴.

홀로 한적함을 즐기던 시인이 밝은 달빛에 흥이 올라 시를 읊고 거문고를 연주하려 한다. 그가 달빛을 벗 삼아 읊은 노래는 무엇이었을까. 달빛 좋은 밤에 어울릴 만한 거문고 곡조는 무엇이었을까. 담청색의 동양화처럼 맑고 담백한 느낌을 주는 시이다.

홀로 타는 마음

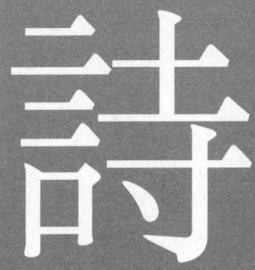

그대 못 보는

천 겹으로 막힌 달
한 줄기 먼 은하수.
그대 못 보는 서러움 안고
비낀 달빛 오동 끝에 내리는 이 밤.

桂宇千重隔, 星河一道遙.
含愁獨不見, 斜月下桐梢.

그리운 사람을 만나지 못하는 안타까운 마음을 담은 시이다. 닿을 수 없는 곳에 있는 달과 은하수처럼 보고픈 사람이 멀리 있다는 표현은, 시인이 느꼈을 격절감과 애절함의 정도를 헤아리게 한다.

떠나보내며

잿마루 구름 사랑스러워
산 아래 냇물 얄밉상스러.
둥실 떠갔다 다시 오는 구름
한번 흐르면 오지 않는 냇물.

―

祗愛嶺頭雲, 生憎山下水.
雲去復回山, 水流無回沚.

구름과 냇물을 대비하여, 떠나가는 사람이 구름처럼 다시 돌아와 주기를 고대하는 시이다.

그리움

구름 가 그대 그리워
꿈속에선 그곳을 찾아가건만,
가을바람에 낙엽 내리면
빈 뜰에서 초승달만 바라봅니다.

―

相思在雲端, 魂夢遙能越.
落葉下西風, 空庭望新月.

꿈과 현실과의 대조를 통해서 그리움의 정서를 표현한 시이다. 꿈속에선 한걸음에 만날 수 있는 임이건만, 현실에선 제아무리 그리워해도 볼 수가 없다. 이러한 막막한 심정은, 가을바람에 낙엽 지는 시간적 상황과 빈 뜰이라는 공간적 상황과 맞물려 서글픔을 더해 준다.

사랑의 고통

꽃은 주렴을 가리고 버들은 문을 가리는
이 봄날 절로 애가 타누나.
사랑의 고통을 그 누가 알까
푸른 비단엔 온통 눈물 자국만.

―

花掩簾帷柳掩門, 中春天氣自消魂.
傍人那解相思苦, 十尺靑綃盡淚痕.

사랑의 아픔에 괴로워하는 여인의 심정을 읊은 규원시(閨怨詩)이다. 꽃과 버들이 흐드러지는 봄이 왔건만 그리운 사람은 언제쯤 찾아올까. 시적 화자에게는 임이 오시는 날이 바로 봄을 맞는 날일 것이다.

그리운 임 계신 곳

그리운 임 계신 곳 어디
하늘 끝 바다 밖이라.
닿고프나 멀고 험한 길
붉은 구슬 띠 어이 전하리.
구슬 띠로 못 가게 친친 매고서
그 붉은빛으로 이 마음 보여 드리고파.
그리운 임 계신 곳 어디
산은 높고 물은 깊어라.

—

有所思在何許, 乃在天之涯海之外.
欲往從之路阻長, 何以贈之赤瑤帶.
帶以結不解, 赤以明寸心.
有所思在何許, 山高高水深深.

임에 대한 마음을 붉은 구슬띠로 형상화한 시이다. 띠로 임이 못 가게 꽉 묶어 놓고, 붉은 구슬로 임을 향한 단심(丹心)을 보여 주겠다는 표현이 절절하게 다가온다.

임의 수레바퀴 되어

아득히 가는 저 수레
어디로 가는 걸까.
천리 길 발 아래 두고
긴 길 떠나는 장부.
첩의 몸 수레바퀴가 되어
임의 발 아래 있어 이별 없기를.
아득히 가는 저 수레
끊어질 듯한 이 가슴.

車遙遙, 何處行.

千里寄足下, 男兒常遠征.

妾身願作車下轍, 隨君足下無離別.

車遙遙, 腸斷絶.

이별을 부정하고 싶은 여인의 간절한 마음을 곡진하게 담아낸 시이다. 특히 '수레바퀴가 되어'서라도 임을 좇고 싶다는 말에서 절실함이 느껴진다.

바람에게 하는 말

뱃머리의 거센 바람아!
부디 나와 한마음 되어
임께서 서로 가려면 서쪽으로 불지 말고
임께서 동으로 가려면 동쪽으로 불지 마라.

船頭石尤風, 恰與儂心同.

君西莫吹西, 君東莫吹東.

'석우풍'(石尤風)의 고사를 이용해서, 임과 이별하고 싶지 않은 여인의 마음을 읊은 시이다. 석우풍이란 거센 역풍을 말하는데, 다음의 전설이 전해진다. 우(尤) 낭군의 아내 석씨(石氏)는 남편이 먼 길을 떠나자 그리움에 병들어 죽으면서 "천하의 부인들을 위해 그 남편이 원행(遠行)하는 것을 막으리다"라는 유언을 남겼다고 한다. 그후 그녀는 남아의 원행을 막는 거센 역풍이 되었는데, 그 바람을 석씨와 우씨의 성을 따서 '석우풍'이라 불렀다고 한다.

홀로 타는 마음

밝은 달빛 내 옷깃을 비추고
슬픈 바람 내 치마에 불어오네.
은하수 비스듬히 걸려 있고
서리 이슬 쓸쓸히 내리는데,
온갖 생각 마음을 저며 와
나의 애간장을 녹이네.
긴 밤 날 밝지 않으니
일어나 부질없이 서성댈 뿐.
한잔 술이야 있지만서도
나누고픈 사람 멀리 있구나.
교칠(膠漆)처럼 하나이던 우리
이제는 삼상(參商)처럼 멀어졌도다.
왜 이리 아스라이 멀어진 겔까?
남과 북에서 서로만 그리워하면서.
쌍쌍이 나는 기러기야 있지만서도
이 편지 부칠 길 없어라.
시름 결에 부르고 부르는 노래

홀로 슬픈 이 마음 그 누가 알리.

明月照我衣, 悲風吹我裳.
河漢漸逶迤, 霜露復凄涼.
百慮戕我懷, 使我摧中腸.
夜長不能晨, 起立空彷徨.
豈無一樽酒, 所思在遐方.
昔爲膠與漆, 今如參與商.
參商何迢遞, 南北永相望.
豈無雙飛鴻, 尺書安可將.
幽憂歌且謠, 誰知我獨傷.

먼 곳에 있는 벗을 그리워하는 심정을 노래한 시이다. 11구에 나오는 교칠(膠漆)은 아교와 옻칠처럼 끈끈한 사이, 곧 마음이 딱 맞는 친한 친구 사이를 뜻한다. 반면에, 12구에 나오는 삼상(參商)은 삼성(參星)과 상성(商星)을 가리키는데, 삼성은 서남방에 있고 상성은 동방에 있어 동시에 두 별을 볼 수 없으므로, 친한 사람이 서로 떨어져 만나지 못하는 상태를 말한다.

지봉을 보내며 1

젊을 적 사귀던 그날로부터
어느덧 이십 년 세월이 흘러,
마주 보매 우리 모두 늙었건만
그대를 먼 변방에 떠나보내네.
아득한 산맥 오랑캐와 접해 있고
푸른 바다 하늘과 맞닿은 그곳.
형제처럼 다정한 그대인지라
갈림길에서 넋 놓고 망연할밖에.

—

少小交遊日, 如今二十年.
相看俱老大, 此別又窮邊.
杳杳山連薊, 蒼蒼海接天.
情親同骨肉, 岐路只茫然.

지봉 이수광(芝峯 李睟光, 1563~1628)이 함경북도 안변군(安邊郡) 부사로 가는 것을 전송하며 쓴 시이다. 조선 시대 실학파를 이끈 선구적 인물로 평가되는 이수광은 신흠의 오랜 친구이다. 신흠과 이수광은 사대부의 사회적 책임에 대해 고민했다는 점이나, 실용적인 학문을 중시했다는 점에서 비슷한 면이 많았다. 1605년 즈음에 쓴 이 시에서 신흠이 동지인 이수광에게 가졌던 도타운 정을 엿볼 수 있다.

지봉을 보내며 2

세상만사 결국 무엇이 남나
백년 인생 이 땅엔 그대와 나뿐.
구정(九鼎)1_이 귀한들 질솥과 뭐 다르리
태산(泰山)2_이 높은들 가을 터럭 같은 게지.
싱그런 새봄이라 꽃들 어여쁜데
먼 길 떠나는 객의 모습 피곤도 하네.
손잡고 문 나서서 작별을 하니
망망한 한강수엔 봄 물결 높게 이네.

世間萬事竟奚有, 海內百年惟我曹.
九鼎何曾異瓦釜, 泰山本自同秋毫.
新陽藹藹韶華嫩, 遠客悠悠行色勞.
握手出門相別去, 茫茫漢水春波高.

1_ 구정(九鼎): 중국 하(夏)나라 때 우(禹)왕이 만든 솥으로, 천자의 권위를 상징하는 보물이다.
2_ 태산(泰山): 중국 산동성(山東省) 봉안현(奉安縣)에 있는 산으로, 예부터 높은 산의 대명사로 여겨졌다.

지봉 이수광이 안변군 부사를 사직한 뒤 다시 홍주(洪州: 지금의 충청남도 홍성)목사로 부임되매 그를 전송하며 쓴 시이다. 이 시를 두고 이수광은 『지봉유설』(芝峯類說)에서 "원숙하고 전아하여 다른 사람이 미칠 수 있는 바가 아니다"라고 평한 바 있다.

추포의 죽음 앞에

처음에 오길 어디서 왔으며
이윽고 떠나면 어디로 가나?
오는 것도 한때
가는 것도 한때.
나면 죽는 것 당연한 일이라
그 옛날부터 모두 그랬지.
내 진작 이를 깨닫고
가슴에 의혹 한 점 없었건만,
어찌해 이 친구 죽자
이다지도 슬픔을 견디기 어려울까.

―

初來自何所, 旣去亦何之.
來也亦一時, 去也亦一時.
生死固有常, 曠古皆若玆.
我昔觀實際, 胸中了滯疑.
如何此翁沒, 深哀苦難持.

―

추포는 신흠의 오랜 벗인 황신(黃愼, 1560~1617)을 가리킨다. 신흠은 20세가 안 되던 나이에 황신을 만나 그의 학식과 인품에 감명 받아 평생 막역한 친구로 지냈다. 여러 친구 중에서도 이항복과 황신에 대한 시인의 애정은 각별하였는데, 두 친구 모두 광해군 때 유배되었다가 배소에서 죽었다.

꿈속의 재회

먼저 가 버린 옛 친구들
때때로 꿈속에서 그들을 본다.
슬픔과 기쁨 정신없이 갈마들고
도란도란 얘기 나누는 정다움이란.
그러나 눈뜨면 모든 게 헛일
나뭇가지엔 저문 달빛만 달렸네.
죽은 벗들 정녕 다시 볼 수 없고
남은 벗들 그마저도 하늘 끝이니,
두려워라, 얼마 안 남은 여생
기약할 수 없는 우리의 재회.

—

舊交在重泉, 夢中時見之.

悲喜失次第, 談笑何偲偲.

覺來却成空, 落月掛樹枝.

死者長已矣, 生者復天涯.

餘年懍無幾, 會合那可期.

꿈속에서 먼저 죽은 친구를 만난 뒤 그 감회를 쓴 시이다. 다시 만날 수 없는 벗에 대한 그리움이 진실하게 그려 있어, 읽는 이의 마음을 움직이게 한다.

노래 삼긴 사람
시름도 하도 할샤

詩

산촌에 눈이 오니

산촌(山村)에 눈이 오니 돌길이 무쳐세라
시비(柴扉)1를 여지 마라 날 찾을 이 뉘 있으리
밤중의 일편명월(一片明月)2이 그 벗인가 하노라.

1_ 시비(柴扉): 사립문.
2_ 일편명월(一片明月): 한 조각 밝은 달.

산촌에 눈이 내려 돌길마저 묻혔으므로 찾아오는 사람이 있을 리 없다. 그런데 세상과 단절된 이 순간 시인은 밤하늘에서 벗을 발견한다. 홀로 떠 있는 저 달은 산촌에 고립되어 있는 시인과 매우 닮아 있기 때문이다. 이처럼 달을 벗 삼아 지내는 그의 마음은 평화로웠을까, 아니면 외로웠을까? 탈속적이면서도 적막한 느낌을 주는 시조이다.

초목이 다 매몰한 때

초목 다 매몰(埋沒)한[1] 때 송죽(松竹)만 푸르렀다
풍상(風霜) 섞어 치는 때 너 무슨 일로 혼자 푸르냐
두어라 내 성(性)이어니 물어 무엇 하리.

1_ 매몰(埋沒)한: 묻힌, 사라진.

모든 식물이 다투어 시드는 겨울, 오직 소나무와 대나무만이 푸르름을 잃지 않고 있다. 그들은 왜 굳이 추위를 견디며 푸르른 걸까? 시인이야말로 그 이유를 알았을 테다. 김포로 쫓겨났어도 선왕에 대한 충정을 버릴 수 없었던 그였으니 말이다.

냇가에 해오라기야

냇가에 해오라기야 무슨 일로 서 있느냐
무심한 저 고기를 여어[1] 무엇 하려느냐
아마도 한 물[2]에 있거니 잊은들 어떠리.

1_ 여어: 엿보아.
2_ 한 물: 같은 물.

해오라기는 호시탐탐 기회를 엿보건만, 물고기는 그것도 모른 채 한가롭게 노닌다. 같은 물가에 있으면서도 어떤 것은 약자를 잡아먹으려 하고, 어떤 것은 강자의 위협에 노출된 채로 산다. 해오라기와 물고기의 모습에서 우리네 삶을 떠올리게 하는 시조이다.

서까래 기나 자르나

서까래 기나 자르나 기둥이 기우나[1] 트나
수간모옥(數間茅屋)[2]을 작은 줄 웃지 마라
어즈버[3] 만산나월(滿山蘿月)[4]이 다 내 것인가 하노라.

[1] 기우나: 비스듬하나.
[2] 수간모옥(數間茅屋): 몇 칸 초가집.
[3] 어즈버: 감탄사.
[4] 만산나월(滿山蘿月): 산 가득히 넝쿨 사이로 비치는 달빛.

실제로 신흠이 김포에 내려갔을 때, 몇 칸 안 되는 작은 집에서 아이들과 함께 곤곤히 살아야 했다. 하지만 이 시조에서 볼 수 있듯, 그는 갑자기 맞은 궁핍한 생활에 좌절하지 않고, 저 달을 보며 울울한 심사를 달래었다. 허망한 권세는 잃고 없지만 자연만은 여전히 그의 것이었기에 말이다.

술 먹고 노는 일을

술 먹고 노는 일을 나도 왼1_ 줄 알건마는
신릉군(信陵君)2_ 무덤 위 밭 가는 걸 못 보셨나
백 년이 역초초(亦草草)3_ 하니 아니 놀고 어찌하리.

1_ 왼: 잘못된.
2_ 신릉군(信陵君): 중국 전국 시대 위(魏)나라의 공자 '무기'(無忌)를 가리킨다.
3_ 역초초(亦草草): 또한 빠르게 지나가니.

이 시조의 중장은 이백이 지은 시의 한 구절 '옛날 사람 신릉군을 높이 받들었건만, 지금 사람 신릉군 무덤에서 논 갈고 씨 뿌리네'〔昔人豪貴信陵君, 今人耕種信陵墳〕를 부분적으로 차용한 것이다. 정치적 좌절을 겪던 신흠은 이 시조와 같이 무상한 인생사를 생각하며 방달한 삶을 꿈꾸기도 했다.

얼일샤 저 붕새야

얼일샤[1] 저 붕새야 웃노라 저 붕새야
구만리 장천(長天)에 무슨 일로 올라가냐
구렁에 뱁새 참새는 못내 즐겨 하노라.

1_ 얼일샤: 어리석도다.

「제각각 타고난 대로」와 「참새」에서 나왔던 '붕새와 뱁새의 비유'가 다시 사용된 시조이다. 뱁새를 두둔하는 듯하지만, 붕새만이 맛보는 비상의 기쁨을 뱁새는 절대 알 수 없다는 점에서, 어리석은 자가 과연 붕새인지 뱁새인지 되짚어 보게 한다.

아침엔 비 오더니

아침엔 비 오더니 늦어서는 바람이로다
천리만리 길에 풍우(風雨)는 무슨 일인고
두어라 황혼이 멀었거니 쉬어 간들 어떠리.

가야 할 길은 천리만리인데, 아침엔 비가 내리더니 늦어서는 바람마저 분다. 그런데 시인은 조바심을 내기는커녕 쉬어 가려 하고 있다. 부딪쳐 넘어설 수 없다면 한박자 걸음을 늦추는 것, 이것이야말로 세상사 시련을 이겨내는 현명한 방법일 게다. 삶에 대한 달관(達觀)이 느껴지는 시조이다.

내 가슴 헤친 피로

내 가슴 헤친 피로 임의 모습 그려 내어
고당소벽(高堂素壁)[1] 에 걸어 두고 보고지고[2]
뉘라서 이별을 삼겨[3] 사람 죽게 하는고.

1_ 고당소벽(高堂素壁): 높은 집의 흰 벽, 여기서는 시인의 집 벽을 말한다.
2_ 보고지고: 보고자 한다.
3_ 삼겨: 만들어, 생기게 하여.

과장법을 사용하여 이별의 슬픔을 극단적으로 표현한 작품이다. 그러나 초장과 중장이 주는 강렬한 느낌 때문에 종장의 탄식이 의례적으로 느껴지지 않는다.

한식 비 온 밤에

한식(寒食)1_ 비 온 밤에 봄빛이 다 퍼졌다
무정한 화류(花柳)2_도 때를 알아 피었거든
엇더타 우리 임은 가고 아니 오는고.

1_ 한식(寒食): 동지로부터 105일째 되는 날.
2_ 화류(花柳): 꽃과 버들.

이곳저곳에서 새잎이 돋건만 보고픈 임은 소식이 없다. 시인이 목 놓아 기다리던 임은, 먼저 떠나 버린 선왕이었을까, 아니면 김포에 홀로 남겨져 떠올리던 옛사랑이었을까? 애정시로도 연군시로도 읽을 수 있는 시조이다.

창밖의 워석버석

창밖의 워석버석1_ 임이신가 일어 보니
혜란혜경(蕙蘭蹊徑)2_에 낙엽은 무슨 일인고
어즈버 유한한 간장이 다 그츨가3_ 하노라.

1_ 워석버석: 낙엽 밟는 소리를 표현한 의성어.
2_ 혜란혜경(蕙蘭蹊徑): 난초가 우거진 오솔길.
3_ 그츨가: 끊어질까.

작은 기척에도 가슴을 끓이며 임이 오기만을 기다리는 여인의 마음이 잘 그려진 시조이다. 초장에서 낙엽 뒹구는 소리를 '워석버석'이라고 표현한 점이 신선하고 재미있다.

봄이 왔다 하되

봄이 왔다 하되 소식을 몰랐더니
냇가에 푸른 버들 너 먼저 아는구나
어즈버 인간 이별을 또 어찌하느냐.

아마도 시인은 사시사철 이별한 임 생각에 봄이 온 것도 몰랐나 보다. 설령 알았다 해도 외면하고 싶었는지 모른다. 종장에서 토로하듯, 아름다운 봄에 홀로 이별의 슬픔을 어떻게 견뎌야 할지, 실로 막막했기 때문이다.

술이 몇 가지오

술이 몇 가지오 청주와 탁주로다
먹고 취할선정[1] 청탁(淸濁)을 관계하랴
달 밝고 풍청(風淸)한[2] 밤이어니 아니 깬들 어떠리.

1_ 취할선정: 취할망정.
2_ 풍청(風淸)한: 바람이 맑은.

달빛이 빚어내는 아름다운 색감과 맑은 바람이 선사하는 시원한 촉감이 시인의 취흥(醉興)을 한껏 돋우는 시조이다.

반딧 불이 돼도

반딧 불이 돼도 반디[1]지 왜 불일쏘냐
돌이 별이 돼도 돌이지 왜 별일쏘냐
불인가 별인가 하니 그를 몰라 하노라

1_ 반디: 개똥벌레.

유배지에서 신흠은, '풀이 썩어 반디가 되고 별이 떨어져 돌이 되는 것은 사물의 변화 가운데 가장 심한 것인데, 군자가 어려움을 당하고 소인이 뜻을 얻는 것이 모두 이와 같다'라고 말한 적 있다. 고달픈 시절을 보내야 했던 시인은, 이처럼 사물의 작은 변화에서도 어지러운 세상사를 읽어 낼 만큼 예민해 있었다.

꽃 지고 속잎 나니

꽃 지고 속잎 나니 시절도 변하거다[1]
풀 속에 푸른 벌레 나비 되어 나니난다[2]
뉘라서 조화(造化)를 잡아 천변만화[3] 하는고.

1_ 변하거다: 변하였도다.
2_ 나니난다: 날아다닌다.
3_ 천변만화: 천만 가지로 변화함.

꽃이 지고 속잎이 나고, 벌레가 나비 되어 날아다닌다. 이런 일은 주위에서 흔히 볼 수 있지만 생각해 보면 신비스럽기 그지없다. 찬찬히 살펴보면 작은 사물에서도 자연의 위대한 조화를 찾을 수 있다고 노래한 시조이다.

노래 삼긴 사람

노래 삼긴1_ 사람 시름도 하도 할샤2_
일러 다 못 일러3_ 불러나 푸돗던가4_
진실로 풀릴 거시면 나도 불러 보리라.

1_ 삼긴: 만든.
2_ 하도 할샤: 많기도 많구나.
3_ 일러 다 못 일러: 말로 다 못 일러.
4_ 푸돗던가: 풀었던가.

여기서 시인은 말로는 다 표현할 수 없는 무수한 시름 때문에 노래가 만들어졌다고 한다. 행복하고 기쁜 순간에도 노래를 부르건만 왜 하필 노래의 연원이 '시름'에 있다고 본 것일까. 아마도 오랜간 계속된 정치적 시련이 그로 하여금 이렇게 생각하게 만들었으리라.

나라를 생각한다

왜적과 오랑캐 사이에서

옛날부터 우리나라는 남쪽의 왜구에게 시달렸다. 왜적들은 하나의 칼을 들고선 마치 지키는 군대가 하나 없는 것처럼 천리 조선 땅을 밀고 들어왔다. 우리 장수들은 들판에서 왜적과 맞닥뜨리면 싸울 엄두도 내지 못하고 곧바로 항복하고, 성곽에서 왜적의 침입을 받으면 수비할 엄두도 내지 못하고 뿔뿔이 도망쳐 버렸다. 군대가 없어서가 아니라 훈련 받은 정예 군대가 없었기 때문이다.

그런데 지금 서쪽에 오랑캐가 나타나매 우리 군대는 한 번 출병했다가 또다시 전군이 대패하고 두 명의 장군이 항복하고 말았다. 심하지 않은가! 훈련된 군사가 없는 게 예전과 똑같으니 말이다. 이렇게 미숙한 군대를 가지고서 왜적과 오랑캐 사이에 끼어 있으니, 백성들이 어찌 힘들지 않겠으며 나라가 어찌 위태롭지 않겠는가?

왜적과 오랑캐 사이에서 나라를 지키기 위해서는 무엇보다도 군사 훈련에 힘써야 한다고 역설한 글이다. 이 글에서 '우리 군대는 한 번 출병했다가 또다시 전군이 대패하고 두 명의 장군이 항복하고 말았다'라고 한 것은, 1619년에 있었던 강홍립(姜弘立, 1560~1627) 장군의 부차(富車)에서의 패전을 두고 한 말이다.

군대와 백성에게 고함

나는 이곳에 도착한 첫날부터 너희들의 고통이 극심하다는 이야기를 들었다. 어떤 자는 창을 둘러메고 싸움터로 나갔는가 하면, 어떤 자는 가혹한 수탈로 골수를 뽑아 관리에게 바쳤고, 어떤 자는 처참히 죽어 내장과 머리통이 땅바닥에 널려 있고, 어떤 자는 생업을 깡그리 망쳤다고 한다. 그나마 목숨을 보존해 가까스로 살아남은 자들도 대개는 길거리를 떠돌아서 농사를 짓지 못해, 입는 것은 허리춤을 가리지 못하고 먹는 것은 뱃속을 채우지 못하며, 도랑이나 골짝을 뒹굴다가 맨몸으로 비바람을 맞고는 결국 지쳐 죽어 간다고 한다. 이 점은 여러 사람이 주시하는 바로서 나 또한 생각할 때마다 가슴이 아프다.

나는 잘 모르겠다. 장군으로서 너희들의 어려움을 어루만져 주고, 너희들의 외로움을 보살펴 주고, 사마양저(司馬穰苴)[1] 처럼 병졸의 고통을 함께 나누고, 오기(吳起)[2] 처럼 병졸의 독창을 몸소 빨아 주던 자가 있었던가? 수령으로서 너희들이 못 갚은 세금을 덜어 주고, 너희들의 고난을 구휼해 주고, 왕성(王成)같이 너희들이 편안히 살 수 있도록 부지런히 힘써 주고, 탁무(卓茂)[3] 같이 너희들을 이롭게 해 주던 자가 있었던가? 그러기는커녕 위

1_ 사마양저(司馬穰苴): 춘추 시대 제(齊)나라의 병법가로, 병사들에게 재물과 양식을 골고루 나누어 주고 몸이 아픈 병사를 따뜻이 보살펴 주었다고 한다.

2_ 오기(吳起): 전국 시대 위(衛)나라 출신의 병법가인데, 장군이었을 때 병졸의 독창을 빨아 줄 만큼 사병을 제 몸처럼 아꼈다고 한다.

3_ 왕성(王成), 탁무(卓茂): 모두 한(漢)나라 때의 관리인데, 백성을 자식처럼 대하고 선정(善政)을 펼쳤다고 한다.

세와 학대로 끊임없이 수탈하고 무고한 백성을 도탄에 빠지게 한 채 구제하지 않는다면, 이런 관리들은 죄다 임금의 죄인인바 관찰사가 마땅히 죽여야 할 게다.

네 몸을 해롭게 하고 네 마음을 병들게 하는 자가 있다면, 위엄이 두려워 대궐을 멀리하지 말지어다. 가슴에 서려 있던 억울한 사정을 호소하여 조금도 숨기지 마라. 더불어 임금의 거룩한 명을 받들어 좋은 대책을 강구하는 것이 오늘 너희들이 해야 할 큰 몫이다. 앞으로 너희는 지혜를 모으고 충성을 바쳐 위급할 때 죽음을 잊음으로써 다시 나라의 은택을 입을 것인가, 아니면 맥없이 비실대고 뿔뿔이 흩어져 끝내 나라가 망하는 꼴을 보고 말 것인가. 이 둘 중에서 무엇을 선택할 것인가.

임진왜란이 발발하자, 신흠은 도체찰사(都體察使) 정철(鄭澈, 1536~1593)의 종사관(從事官)이 되어 막부의 일을 도왔다. 정철은 「사미인곡」과 「관동별곡」을 지을 만큼 뛰어난 필력을 가진 문인이었는데, 신흠의 글재주를 인정해서 중요한 격문(檄文)을 짓도록 했다. 이 글은 그중에서도 호서 지방의 군민에게 쓴 것이다.

왜적을 막는 길

무릇 왜적은 우리와 한 하늘 아래서 살 수 없는 자들이다. 임진년 전쟁 때 왜놈이 퇴각한 것은 우리 군대 때문이 아니라 명나라 지원군 때문이었다. 우리나라는 요행수로 왜적을 물리친 것이지 전투력으로 물리친 게 아니었다. 그때 마침 히데요시(秀吉)가 죽었기에 망정이지 죽지 않았다면 왜적이 퇴각했을지 모를 일이다. 그러고 보면 히데요시의 죽음은 우리에게 온 행운 중의 행운이었다. 그런데 지금 우리는 요행수에만 젖어 여전히 국방에 힘쓰지 않고 있다. 오히려 임진년 이전보다 더욱 방어에 소홀하고 있는데, 대관절 왜 그런 것인지 나는 잘 모르겠다.

통제사(統制使)[1]란 자리는 왜적을 막기 위해 설치한 것인데, 이순신(李舜臣)이 죽은 이후로 후임자가 전임자보다 점점 못해지고 있다. 최근에는 조정에서 뇌물을 받고 장수를 기용하므로, 통제사란 자가 부임한 첫날부터 병사들을 볶아쳐 재물을 긁어모으고 있다. 그리하여 조정의 높은 관리에게 먹이는 뇌물, 임금의 측근에게 바치는 뇌물, 처첩(妻妾)이 쓰는 재물, 친구들이 요구하는 물품 등 어느 것 하나 여기서 나오지 않은 게 없다. 비싼 것으로는 금·은·옥·비단에서부터 하찮은 것으로는 옷과 신

---

[1]_ 통제사(統制使): 경상도와 전라도와 충청도의 수군을 관리하는 직책이다. 이순신이 임진왜란 중에 제수되면서 시작되었는데, 관할하는 지역이 넓고 직위가 높았던 만큼 재정을 남용하고 비리를 저지를 소지가 많았다.

발에 이르기까지, 큰 것으로는 수레·말·쌀·베에서부터 작은 것으로는 물고기·고기·육포·건어물에 이르기까지, 통제사의 눈과 코와 입과 귀에 마땅하고 먹고 자는 데 쓰이는 것 가운데 여기서 나오지 않는 게 하나도 없다.

    그뿐 아니라, 크고 튼튼한 배는 권력을 잡은 간신들의 손에 들어가, 정작 왜적을 방어하는 배는 낡고 부서졌는데도 고치지 않고 있다. 또한, 해군과 육군의 병사들이 몇 필의 베를 상납함으로써 군역을 대신하고, 이 때문에 왜적을 방어할 군대는 텅텅 비었는데도 신경 쓰지 않고 있다. 아, 이토록 임진년의 재난을 교훈 삼지 않는단 말인가! 임진년의 아픔을 거울로 삼아야 하는데 그렇지 않고들 있으니, 만약 갑자기 위급한 상황이 다시 벌어진다면 그나마 임진년처럼 해 보려 해도 안 될 게 뻔하다. 그럼에도 위아래 모두가 멍청하니 각성치 않고 있으니, 대관절 왜 그런 것인지 나는 잘 모르겠다.

    이처럼 기강이 무너진 지 오래건만 아무 계책도 없고 법마저 지키지 않아서, 물건을 사사로이 파는 짓을 금하지 않고 있다. 그리하여 시정의 장사치들이 중국의 물건을 가져다가 곧바로 부산의 왜인 시장에 가 일본 물건으로 바꿔 오는 짓을 잇따라 하고 있다. 왜인들이 그 차익에 맛을 붙여 한번 사신으로 온 자는 미적미적 돌아가지 않고, 장사치로 온 자는 떠나자마자 다시 오곤

2_ 동래부사(東萊府使): 군사적 요충지인 부산의 동래 지역을 다스리던 도호부사(都護府使)이다. 임진왜란 때 왜적이 부산에 처음 상륙한 것에서 알 수 있듯, 동래 일대는 전략적으로 중요한 지역이었다.

하여 이런 짓이 끊일 날이 없다.

본래 이 일을 단속하는 자는 동래부사(東萊府使)²로, 옛날에는 조정에서 청렴한 사람을 가려 뽑았기에 장사치들이 물가를 마음대로 정하지 못하고 왜인들도 감히 뭉그적대며 머무르지 못했다. 그러나 지금은 장사치와 한통속이 안 된 동래부사가 거의 없어 왜인들이 조정의 동정을 속속들이 알고 있을 정도이다. 그러므로 지금 당장은 조짐이 없지만 머지않아 외침이 일어날까 두렵다.

따라서 이러한 폐단을 개혁하지 않으면 우리나라는 필시 왜적의 침입을 다시금 받게 될 것이다. 그런데 개혁의 방법은 다른 데 있지 않다. 뇌물 바치는 장수를 뽑지 않는 것, 권력 잡은 간신이 전횡하지 못하게 하는 것, 총애 받는 신하가 멋대로 권력을 휘두르지 못하게 하는 것, 오직 이 세 가지에 달려 있을 뿐이다.

총애 받는 신하가 저지르는 여러 폐단이 근절된다면 권력 잡은 간신의 농간도 저절로 사라질 테고, 권력 잡은 간신이 일으키는 여러 문제점이 혁파된다면 뇌물 바치는 장수를 뽑는 짓도 자연히 사라질 것인바, 이 세 가지는 서로 긴밀히 연결되어 있다. 그러므로 만약 이 세 가지를 그대로 놔두고서 외침이 없기를 바란다면 그런 사람은 멍텅구리이거나 미치광이일 게다. 옛말에도 있지 않았던가. 나라 밖의 적을 물리치고자 한다면 먼저 나라 안의 정치를 잘해야 한다는.

임진왜란을 겪고서도 국방에 힘쓰지 않는 조선의 현실을 개탄한 글이다. 누구보다도 왜적을 막는 데 앞장서야 할 통제사와 동래부사가 이처럼 사익만 챙기려 들었으니, 신흠이 연거푸 "대관절 왜 그런 것인지 나는 잘 모르겠다"라고 탄식한 까닭을 알 만하다.

누구에게 잘못이 있나

조정의 벼슬아치들이 늘 하는 말이 있다. "백성의 마음이 못 됐다"라고 하지 않으면 "백성의 풍속이 모질다"라고 한다. 실상 백성의 마음은 착하고 백성의 풍속은 아름다운데 그들이 잘 살피지 못해서 그런 게다. 무엇으로 알 수 있나? 백성을 다스리는 자를 보면 알 수 있다.

근래의 벼슬아치들은 뇌물을 바쳐서 된 자가 아니면 권세가 출신이고, 권세가 출신 아니면 권세가에게 발탁된 자들이다. 그런데 뇌물을 바쳐 관리 된 자는 항상 수탈하게 마련이고, 권세가 출신의 관리는 항상 가혹한 정치를 하게 마련이다. 수탈을 해야 뇌물로 쓴 돈을 갚을 수 있고, 가혹한 정치를 해야 자신의 권력을 드러낼 수 있기 때문이다.

그러나 관리가 수탈했다고 해서 백성이 항거했다는 소리를 들어 본 적 없고, 관리가 포악하다고 해서 백성이 배반했다는 소리를 들어 본 적 없다. 백성은 아침에 베실을 바치라고 하면 곧바로 올리고, 저녁에 쌀을 바치라고 하면 또 바로 올린다. 여덟 식구가 싸락밥을 마다하지 않으면서도 그 관리만은 풍족히 섬기고, 분한 마음에 가슴이 메어 와도 기한에 맞춰 세금을 낸다. 참으로 알지 못하겠다. 백성이 못된 것인가? 벼슬아치가 못된 것인가? 백성이 박한 것인가? 벼슬아치가 박한 것인가?

수탈을 일삼는 관리가 못된 것인가? 아니면 학정을 견디며 힘들게 사는 백성이 못된 것인가? 걸핏하면 백성을 탓하는 관리들을 보며, 과연 백성과 관리 중 누구에게 잘못이 있는지 반문하는 글이다.

백성을 다스리는 법

창기 이명준(昌期 李命俊) 군이 덕산(德山) 고을을 다스리매 작은 잘못도 밝혀낼 만큼 꼼꼼했지만 사람들은 그를 좀스럽다 여기지 않았고, 짐승과 물고기에까지 은택을 미쳤지만 자신은 그것을 공적으로 삼지 않았고, 물처럼 청렴하면서도 백성을 대할 땐 넉넉하였고, 당귀처럼 쓰면서도 아랫사람을 대할 땐 너그러웠다.

그리하여 들판에서는 백성이 그를 사모하고, 관아에서는 이방이 화합하여 온 고을이 평안하였다. 까닭에 덕산 고을 주변 사람들은 자신의 고을에 와 주길 바라며 "은덕을 골고루 나누어 주시지 왜 덕산에만 힘을 쏟는 것일까?"라고 아쉬워했고, 덕산의 백성들은 그가 하루아침에 떠나 더 이상 그의 백성이 되지 못할까 두려워하였다. 이명준 군이 이처럼 고을을 잘 다스리던 차에 여유가 생겨 관아의 동헌을 넓히고 '백성을 가까이하는 곳'이라는 편액을 달았다기에, 나는 그 소식을 듣고 다음과 같이 말하였다.

"이 사람이야말로 백성을 다스리는 법을 안다 하겠다. 지금 지방관 가운데 누가 백성을 가까이한단 말인가? 백성은 진실로 가까이해야지 내려 봐서는 안 된다. 관리로서 잘못된 명령을 내리면 백성이 다가오지 않고, 신분을 너무 따지면 백성이 다가오지 않고, 심하게 수탈하면 백성이 다가오지 않고, 원망을 쌓으면 백성이 다가오지 않는다. 백성이 이처럼 다가오지 않으면 멀어지게 마련이다. 그런데 이명준 군은 엄한 아버지처럼 가르쳐 주고, 자애로운 어머니처럼 어루만져 주고, 용한 의사처럼 아픈 데를 고쳐 주고, 처녀처럼 자신의 마음을 단속했으니, 백성들이 어찌 다가오지 않을 수 있었겠는가.

관리가 백성을 멀리하면 날로 관계가 소원해질 것이고, 소원해지면 날로 백성이 떠날 것이다. 반면에 관리가 백성을 가까이하면 날로 관계가 친해질 것이고, 친해지면 날로 백성이 모여들 것이다. 그런즉 관리가 백성을 가까이하고 멀리함에 따라 백성의 떠남과 모임이 결정되는 것이다."

이명준(李命俊, 1572~1630)이 덕산(지금의 충청남도 예산)현감이 되어 선정을 펼치고 관아 동헌에 '백성을 가까이하는 곳'이라는 편액을 달자 그 뜻을 높게 평가한 글이다. 이명준은 청강 이제신(淸江 李濟臣, 1536~1583)의 아들로, 신흠의 처남이다. 이 글에서 신흠은 백성을 위한 정치를 강조하고 있는데, 특히 "백성은 가까이해야 내려봐서는 안 된다"라는 말이 가슴에 와 닿는다.

인륜이 무너지면

부모에게는 효도할 줄 알고, 형제에게는 우애를 지킬 줄 알고, 부부간에는 남녀의 구별이 있음을 알고, 친구에게는 신의를 지킬 줄 알고, 임금에게는 의리를 지킬 줄 아는 것은 당연한 이치로, 당초 멀고 힘든 일이 아니었다. 그런데 요즘 사람들은 부모를 나의 몸과 다르게 생각하고, 형제를 처자식보다 멀게 생각하고, 부부 사이를 원수처럼 생각하고, 친구를 저잣거리 사람들과 똑같이 생각하고, 임금과 신하의 관계를 길에서 만난 사이쯤으로 생각한다.

그런데 부모를 나의 몸과 다르게 생각하면, 살아 계실 때는 섬기지 않게 되고 돌아가셨을 때는 제사를 지내지 않게 된다. 형제를 처자식보다 멀게 생각하면, 윤리가 무너져 같은 핏줄끼리 잔인하게 싸우는 데까지 이르게 된다. 부부가 서로를 원수처럼 생각하면, 도덕이 깡그리 사라져 금슬이 깨지고 상대방을 미워하는 데까지 이르게 된다. 친구를 저잣거리 사람들과 똑같이 생각하면, 함정에 빠진 벗에게 돌을 던지고 서로가 서로를 해치게 된다. 임금과 신하의 관계를 길에서 만난 사이쯤으로 생각하면, 종국에는 나라를 팔아 간악한 욕심을 채우는 등 못하는 짓이 없게 된다.

　인륜이 무너지면 모든 것이 흔들리고 망하게 되는바, 위에 있는 사람들이 몸소 실천하고 가르치지 않는다면 백성이 무슨 수로 바른 데로 돌아올 수 있겠는가?

인륜이란 거창하고 먼 데 있는 것이 아니라 일상생활에서 구체적으로 실천해야 하는 것임을 말한 글이다. 인간답게 사는 법에 대한 소박한 생각을 담은 글이지만, 경제 성장에 몰두한 나머지 도덕 불감증에 걸려 버린 우리 사회에 일깨우는 바가 적지 않다.

임금과 권신

임금이 신하처럼 행동하면 '어리석은 임금'이라 하고, 신하가 임금처럼 행동하면 '권신'(權臣)이라고 한다. 그런데 본래 권력은 임금의 것이다. 그러므로 신하가 임금의 권력을 빼앗아 자기 것으로 삼는다면, 임금의 실제적 힘을 갖게 되는 것이다. 반면에 임금으로서 자기의 권력을 신하에게 빼앗긴다면, 임금이라는 이름만 있게 되는 것이다.

그렇다면 과연 이름을 가진 자가 임금인가? 아니면 실제 권력을 쥔 자가 임금인가?

임금의 집안에서 왕위를 계승하는 사람이 늘 도덕과 지식이 뭇사람보다 뛰어난 것은 아니지만, 신하는 분수를 지키고 백성은 법을 지켜서 그를 최고로 귀한 분으로 높이고 왕으로 받들어 봉양한다.

그런데 이는 비단 도리상 그렇게 하는 것이 아니라, 그가 나를 살릴 수도 있고 죽일 수도 있으며, 나를 귀하게 만들 수도 있고 천하게 만들 수도 있으며, 나를 부유하게 할 수도 있고 가난하게 할 수도 있으며, 나를 어질거나 그렇지 않게 여겨 상과 벌을 내릴 수도 있으며, 나를 돌봐 주고 위급할 때 구제해 줄 수도 있기 때문이다.

까닭에 임금은 항상 존엄하고 백성은 그를 위해 충성을 바치는바, 춘추 시대 막강했던 제(齊)나라 환공(桓公)도 천자를 받드는 예를 감히 어기지 못했던 게고, 그 못지않던 진(晉)나라 문공(文公)¹⁻도 감히 천자의 능에 묻힐 수 없었던 게다. 자고로, 임금과 신하의 간격이란 이처럼 엄격한 법이다.

그러나 임금이 자신의 권력을 지키지 못해서 아래의 신하와 같아져 버려, 누군가를 살리고 죽이는 힘도 신하에게 있고, 누군가를 귀하게 하고 천하게 하는 힘도 신하에게 있고, 누군가를 부유하게 하고 가난하게 하는 힘도 신하에게 있고, 누군가를 상 주고 벌주는 힘도 신하에게 있고, 위급함을 구제할 수 있는 힘도 신하에게 있고, 정책을 도모하고 시행하는 힘도 신하에게 있어, 자신의 손과 발과 귀와 눈이 자유롭지 못하게 된다면 그 임금의 지위는 위태롭게 된다.

그리하여 옛날 하(夏)나라의 예(羿)²⁻는 천자를 살해했던 게고, 노(魯)나라의 삼환(三桓)³⁻은 천하를 멋대로 했던 게고, 제(齊)나라의 전항(田恒)⁴⁻은 왕위를 찬탈했던 게고, 초(楚)나라의 백공(白公)⁵⁻은 난을 일으키기까지 했던 것이다. 이는 모두 신하가 임금의 권력을 가져서 임금은 이름만 있고 신하가 모든 실제적 힘을 가졌던 데서 연유한다. 그런데 사태를 이렇게 만든 사람

1_ 제(齊)나라 환공(桓公), 진(晉)나라 문공(文公): 모두 춘추 시대의 패자(覇者)인데, 최고의 권력을 잡았지만 제후국의 군주였으므로 천자가 되지 못했다.
2_ 하(夏)나라 예(羿): 천자 태강(太康)이 사냥에 나가 돌아오지 않자 방탕하다는 이유로 태강을 내쫓았다.
3_ 노(魯)나라의 삼환(三桓): 맹손씨(孟孫氏)·숙손씨(叔孫氏)·계손씨(季孫氏)로 이루어진 세도가로, 공자가 살아 있을 때 노나라의 전권을 잡고 정치를 좌지우지했다.
4_ 제(齊)나라의 전항(田恒): 군주인 간공(簡公)을 죽여 자손인 전화(田和)가 제후가 되게 했다.
5_ 초(楚)나라의 백공(白公): 난리를 일으켜 혜왕(惠王)을 억류하고 자신이 왕이 되려 하였다.

은 다름 아닌 임금인 게다.

권신(權臣)의 전횡이 기실 임금의 실권(失權)에서 비롯된다고 논한 글이다. 임금의 지위란 권력에 의해서만 유지될 수 있음을 환기시킴으로써, 권신에 대한 임금의 경계를 촉구하고 있다.

소인의 행태

　소인의 마음 씀씀이야말로 가장 헤아리기 어려운데 타고난 재주마저 보통 사람과 달라서, 시세를 살피고 권력에 편승하고 임금에게 아첨하는 행태가 한두 가지가 아니다.

　어떤 때는 군자에 빌붙어 관직을 얻다가도 자신의 세력이 커지면 거꾸로 군자를 물어뜯고 사람들을 부추겨 잔학한 짓을 자행한다. 또 어떤 때는 높은 지위의 권력자에게 아부해 같은 편이 될 것처럼 했다가도 자신의 세력이 커지면 임금을 누르고 그 지위마저 빼앗으니 참으로 무자비한 자들이라 하겠다.

　처음에 임금은 자신의 뜻을 맞춰 줌을 좋게 여겨 소인에게 관직을 주지만, 그 다음에는 함께 일을 하면서 그에게 기울어져 무엇이든 허락하게 되고, 결국에는 장차 임금의 지위조차 빼앗기리라는 것을 알면서도 마치 귀신에 홀린 사람처럼 손발이 묶이고 이목이 가려져 아무 대응도 못하게 된다.

　그리하여 끝내는 부모 형제와 처자식이 그에게 죽음을 당하고, 모든 권력이 그의 손아귀에 들어가 저 후한(後漢)의 효헌제(孝獻帝)[1]나 서진(西晉)의 혜제(惠帝)[2]처럼 처와 어머니마저 보호하지 못하게 된다.

1_ 후한(後漢)의 효헌제(孝獻帝): 임금의 실권을 잃어, 생모인 왕미인(王美人)이 하황후(何皇后)에게 독살당하고 부인인 황후 복씨(伏氏)가 조조에게 살해당했음에도 이를 막아 내지 못했다.
2_ 서진(西晉)의 혜제(惠帝): 간신에게 홀려 황태자 휼(遹)을 내쫓고 태자의 어미 사씨(謝氏)를 죽였으며, 어머니 양태후(楊太后)가 황후 가씨(賈氏)에게 죽음을 당하게 했다.

아, 참으로 서글픈 일이다.

소인의 행태를 비판한 글이다. 임금이 소인에게 넘어가면 종국에는 그 부모 형제마저 죽음을 당한다는 대목에서, 광해군대의 상황이 연상된다. 광해군은 선조의 계비(繼妃) 인 인목대비(仁穆大妃)를 가두고 그녀의 아버지인 김제남(金悌男)을 역모죄로 죽였으 며, 임해군(臨海君)·영창군(永昌君)·능창군(綾昌君)을 차례로 죽였다. 광해군도 후한 의 효헌제나 서진의 혜제처럼 소인에게 눈이 가려져 그런 것이었는지 생각해 보게 한다.

가짜 선비

　세상에서 선비라 불리는 자들을 보자. 과연 어떠한가? 그들이 받드는 것은 권세이고, 힘쓰는 것은 이익과 명예이고, 훤히 밝은 것은 당대의 유행이고, 굳게 지키는 것은 도덕이 어떠느니 본성이 어떠느니 하는 이야기들이고, 자랑스러워하는 것은 겉치레이고, 잘하는 것은 경쟁하는 것이다.
　선비란 자들은 이 여섯 가지를 가지고 날마다 권력 있는 사람의 집에 몰려가 집주인의 취향이 어떤지 엿보고 집주인의 뜻이 어떤지 알아내어, 권력 있는 사람이 한 번 눈여겨보아 주면 으쓱해져 우쭐대고, 한 번 말이라도 붙여 주면 히히덕거리며 서로들 축하한다. 이런 작자를 선비라고 한다면 가로로 눈이 붙어 있고 세로로 귀가 달린 자들 모두가 선비일 테고, 이런 사람을 선비라고 하지 않는다면 나라 안에 선비는 단 한 사람도 없을 터이다.
　망치로 시체의 턱뼈를 깨서 입속에 든 구슬과 쌀을 훔쳐 내는 도굴꾼은, 썩은 시신에 나쁜 짓을 한 것이지만 죽은 자 한 사람에게만 피해를 끼친 데 불과하다. 하지만 갓끈을 드리우고 옷을 번지르르 차려입고서 손뼉 치며 세태를 좇는 자들은, 인륜에

해를 끼친 것이므로 온 세상에 피해를 남긴다. 따라서 권세를 좇는 추태는 도굴 짓보다 더 극악무도한 것이다.

그런데 이처럼 권세를 좇는 자를 등용해서 학사(學士)로 삼거나 언관(言官)으로 삼거나 공경(公卿)으로 삼는다면, 이들은 현달할수록 욕심이 불어나고, 벼슬이 높아질수록 기세가 등등해져 나라를 갈수록 위축시키고, 임금을 갈수록 고립되게 할 것이다.

시골 마을에서 오막살이하면서 거친 옷에 짚신을 끌고 다니는 보잘것없는 자도, 친구를 구할 적엔 맨 먼저 그 사람됨이 괜찮은가를 살피고, 어질면 사귀고 그렇지 않으면 안 사귄다. 그렇건만 하물며 하나의 국가가 온 나라 사람들이 추하게 여기는 자를 관리로 앉혀 놓고 나라의 웅대한 계획을 세우게 한단 말인가.

지식인의 위선적 행태를 신랄하게 꼬집은 글이다. 본래 선비는 학문을 통해 사회에 기여하고, 실리보다는 도덕에 밝아야 한다. 그런데 배움을 입신양명의 도구쯤으로 생각하고 권세를 좇기에 바쁘다면 이런 자들은 가짜임에 분명하다. 이 글의 서두에서 가짜 선비의 행태를 묘사한 대목은, 지금의 가짜 지식인들에게도 그대로 해당되는 말이다.

진정한 유자

문성공(文成公) 왕수인(王守仁)이야말로 진정한 유자이다. 유학자이면서도 군사를 잘 통솔해 몸소 험준한 곳까지 달려가 한(漢)나라의 저명한 장군 복파(伏波)와 이름을 나란히 했으니 장하다 하겠다. 세상에서는 그의 학문이 잘못됐다고 비난하지만, 학문이란 본래 현실에 적용할 수 있어야 귀한 것이다. 나라의 경제와 국방에 관한 일이 어찌 유학자가 해야 할 몫이 아니겠는가?

그렇건만 경전의 글귀나 뒤적이는 자들은, 걸핏하면 인간의 마음이 이러니저러니 말하면서도 막상 정사를 처리하는 자리에 앉혀 놓으면 멍하니 어떻게 해야 할지 모른다. 이런 지경인데 대군(大軍)을 맡아 큰 공적을 세우는 일이야 말해 무엇 하겠는가?

왕수인은 단지 장수로 쓰였을 뿐인데도 높은 공적을 세웠으니, 만약 생전에 조정에 나아가 천하의 정치를 담당할 기회가 있었더라면 분명 명나라의 뛰어난 신하가 되었을 것이다. 그런데 자신의 능력보다 못한 지위로, 제 수명을 채우지 못한 채 죽고 말았다. 까닭에, 나는 항상 그 호걸스럽고 빼어난 모습을 생각하며 꿈속에서도 그를 잊지 못한다.

명나라의 양명학자(陽明學者) 왕수인(王守仁)에 대한 존경의 마음을 담은 글이다. 평소 신흠은 지식인이라면 현실에 대한 관심을 늦추지 말고 학문의 실용성에 대해 고민해야 한다고 믿었던바, 이러한 그의 생각이 잘 드러나 있다.

세상사 어려움을 겪고 보니

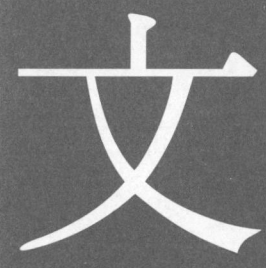

백사에게 보낸 편지 1

　만나 뵙지 못한 지 어느덧 일 년이 되어 갑니다. 흠은 멀리서 공의 모습을 그리워하며 하루도 잊지 못하고 있습니다. 가을로 접어드는 요즘 건강은 어떠신지요? 엊그제 아들놈이 돌아오는 편에 공의 답서를 받고 아울러 깊은 가르침까지 받았으므로 저는 지금까지도 감사의 마음을 지울 수 없습니다.
　흠이 처음 여기에 왔을 땐 몇 칸 안 되는 집에 있었으므로 아이들과 한곳에서 지내며 애들이나 가르치고 땔나무나 줍고 다닐 뿐이었습니다. 그런데 이제 비로소 작은 집을 지어서 무릎을 붙이고 살 만하므로 요즘은 때때로 책을 보며 지냅니다. 하지만 돌이켜 생각건대, 힘들여 읽는 것도 번거로운 일이므로 문을 닫고 고요히 앉아 잡념을 버리고 마음을 깨끗이 닦아서 옛날 태평했던 시절의 착한 백성처럼 살고자 합니다.
　재앙이 닥치는 것이야 제가 잘못을 저질러서 그런 게 아니므로 사실 반성할 까닭이 없습니다. 옛 성현이 저와 같은 상황을 당했더라도 이처럼 행동하셨을 겁니다. 그러므로 밖에서 멋대로 공갈 협박을 해 대어도 익숙하게 여긴 지 오래인지라 이제 마음이 그리 흔들리지 않습니다. 오래 노력하면 성품이 된다는 말이 맞는가 봅니다.

　공께서 한가롭게 되신 후[1] 학문하는 즐거움이 더욱 있으시다 하던데 만나 뵙고 이런저런 얘기를 들을 수 없으니 애태우며 그리워할 뿐입니다. 그리고 고금의 학자들이 예법을 논한 글들을 모아 한 권의 책을 만드셨다고 하던데 사실인지요? 더욱 건강하시길 빌며, 이만 줄이겠습니다.

1_ 공께서 한가롭게 되신 후: 1614년 무렵 이항복은 인재를 잘못 천거했다는 구실로 탄핵을 받아 노원(蘆原: 지금의 서울시 노원구 일대)에 집을 짓고 우거했다. '공께서 한가롭게 되신 후'라고 한 것은 이를 두고 한 이야기이다.

김포에 있을 때 백사 이항복(白沙 李恒福, 1556~1618)에게 쓴 편지이다. '만나 뵙지 못한 지 일 년이 되어 갑니다'라는 말이나 '비로소 작은 집을 지어서'라는 말로 보아, 김포에 내려가 산 지 만 일 년째 되던 1614년에 쓴 것으로 추정된다. 짧은 편지이지만 계축옥사에 대한 단호한 태도와 벗에 대한 애정이 돋보인다.

청음에게 보낸 편지 1

한밤중이면 매서운 바람이 불고 산골짝의 추위가 뼈를 저미며 와 움막에 있는 사람으로서 견딜 수 없을 정도였는데, 보내 주신 시편과 편지를 받아 보매 따뜻한 봄기운이 느껴졌습니다. 이에 시원스럽게 한 번 읊어 보니 입속에 침이 고이는 듯했습니다.
　우리들은 결코 외롭지 않습니다. 비록 호랑이가 밖에서 노리고 있지만, 역산(嶧山)의 오동나무[1]가 불에 탔다고 해서 제 소리를 잃기라도 하겠습니까? 이런 생각을 하니 다시금 기쁜 마음이 듭니다. 어느 때나 다시 만나서 이 회포를 풀 수 있을는지요?
　흠은 가을 들어 자식들이 자꾸 병을 앓아서 괴로움을 금치 못하고 있습니다. 일만 가지 생각이 모두 시들어 버렸는데 아직도 사랑하는 마음만은 남아 있으니 탄식할 만합니다. 그대도 서울을 떠났으니 이 기회에 날로 새롭게 닦아 훌륭한 덕을 이룬다면 매우 다행이겠습니다. 세상에서 사귄 자가 적지 않았건만 끝내는 모두 본마음을 드러내고 말았습니다. 그래서 그대에게 기대하는 마음이 더욱 얕지 않습니다.
　벗들이 연이어 유배를 가고 죽음을 당했는데 부끄럽게도 큰 죄를 지은 이 몸만은 성은(聖恩)을 후하게 입어 홀로 시골에서

---

[1] 역산(嶧山)의 오동나무: 거문고를 만드는 데 쓰이던 좋은 재목인데, 불에 조금 탔다 하더라도 본래의 아름다운 소리를 잃지 않았다고 한다.

살고 있습니다. 그래서 괴로운 마음이 다른 벗들보다 실로 몇 갑절 됩니다. 하지만 텅 빈 골짝에 있어 이 심사를 전할 길 없었는데, 때마침 그대가 멀리서 편지를 보내 물어 주시니 답답하던 마음이 많이 풀리는 듯합니다. 게다가 보내 주신 두 편의 긴 시는 심중에 감동을 일으켜 시들어 가던 제게 활기를 북돋아 주었습니다.

언젠가 공동 이몽양(空同 李夢陽)2_의 시 중에 '십 년 동안 내쫓겨 고향 동산에서 살았지만 한밤중에 슬피 노래하며 효종 위해 울었다네'라는 구절을 읊조리면서, 근래에는 이런 말도 없고 이런 사람도 없다고 생각했는데, 지금 그대의 시를 보매 나도 모르게 눈물이 흘렀습니다.

2_ 공동 이몽양(空同 李夢陽): 명나라 때 복고주의 문학을 주창한 인물로, 강직한 성품 때문에 누차 좌천되고 귀양 갔지만 선왕인 효종(孝宗)에 대한 충심을 잃지 않았다고 한다.

김포에 있을 때 청음 김상헌(淸陰 金尙憲, 1570~1652)에게 보낸 편지이다. 당시 김상헌은 인목대비의 아버지 김제남(金悌男)의 인척이라는 이유로 파직되어 경상북도 안동에 우거하고 있었다. 신흠 역시 선조의 유신이라는 이유로 김포에 방축되었으므로, 같은 시련을 겪던 벗에게 남다른 공감을 느꼈던 듯하다.

산속에서 혼자 하는 말

관직을 잃고 쫓겨난 뒤 고향 산골에 돌아와 살면서 집 밖을 나가지 않았으므로 사람들의 얼굴을 보는 일이 드물었다. 어쩌다가 마음속에 생각이라도 일어나면 작은 붓을 휘둘러 종이에 적곤 했는데, 이때 씌어진 글은 기실 '혼자 하는 말'이라고 해야 좋을 것들이었다. 그 글들을 한데 모아 책으로 묶어, 내가 스스로에게 한 다짐을 굳게 가다듬는 계기로 삼고자 한다. 이에 1616년 9월 가을에 초록한다. 방옹(放翁)은 쓴다.

집 남쪽에 작은 골짝이 있었는데 눈에 보이는 것이라곤 온통 잡목뿐이었다. 그래서 나는 이곳에 와서 맨 먼저 잡목을 없애고 그 자리에 섬돌을 쌓고 연못도 만들었다. 1616년 봄에는 시내 위에 자그마한 초가집을 세웠는데, 보잘것없는 것이었지만 조용히 시를 읊고 편히 쉬기에 충분했다. 이때부터 나는 세상에 나가 하고픈 일이 없었다.

나는 타고나길 좋은 게 좋다는 식으로 적당히 넘어가지 못하고 남의 비위를 맞추며 사이좋게 지내지 못하는 성격이다. 까닭에, 벼슬한 때부터 한 번도 아첨 떠는 행동을 한 적이 없으며, 권세가의 집에 발을 들여놓은 적도 없었다. 그래서 이른 나이에 관리가 됐지만 처음엔 뒤처지기만 했는데, 중년에 이르러 선조 대왕의 인정을 받아서 외람되게 분에 넘치는 자리에 오르게 되었다. 하지만 임금님의 보살핌 아래서 영화를 누리는 일은 본래 하고픈 것이 아니었으므로 당시에 나는 휴직을 청해서 반쯤 관직을 쉬는 상태에 있었다. 그런데 선조 대왕이 승하하시자 조정이 하루아침에 바뀌면서 갑자기 큰 화가 일어났고, 나 역시 남의 비위를 맞추지 못하는 성격 탓에 이렇게 화를 입었다. 그러나 만약 두레박마냥 시류를 따라 살았더라면 크게 부귀를 누렸을 것이라 해도, 나는 결단코 그런 짓은 하지 않았을 것이다.

나는 세상을 살면서 변고를 하도 많이 겪어서, 점점 옛날의 역사를 들춰 보고 싶은 생각이 없어졌다. 옛날 역사를 보면 잘 다스려진 때는 적고 어지러웠던 때는 많아서 가슴만 아파 오기 때문이다.

가장 알기 어려운 것은 사람의 진실성 여부인데, 큰 화를 겪고 나면 그 정체가 드러나게 마련이다. 계축년(1613)에 변이 일어났을 때 사대부들이 보인 행동은 실로 천태만상이어서 사람마다 제각각 달랐다. 평소 도덕과 의리에 대해 말하며 명예와 절개를 자부하던 인사들이 외려 나약해지고 두려워한 나머지 숨도 제대로 쉬지 못했는가 하면, 범상한 인물로 지목되던 이들이 뜻을 굽히지 않고 떳떳이 나서기도 했다. 아! 평소에 명성이 없던 자라고 해서 훌륭한 점이 없는 것은 아니었다. 또한, 훌륭한 점이 없는 자가 끝까지 거짓 명성으로 자신을 감출 수는 없는 법이었다. 그러므로 나는 이 일을 겪고서 무엇을 본받아야 하는지 또 무엇을 경계해야 하는지를 깨달았다.

짤막한 몇 개의 글로 이루어진 이 작품은, 신흠이 계축옥사로 파직되어 김포에 내려가 산 지 4년째 되던 해(1616)에 씌어진 것이다. 담담한 독백체로 서술되었지만, 고난과 시련 속에서도 신념을 버리지 않았던 작가의 모습이 고스란히 담겨 있다.

강가에서 지낸 날들의 기록

유배의 명을 기다리느라 노량진 강가에서 임시로 몸을 붙이는 동안 나는 갖가지 욕을 다 얻어먹고 갖가지 고통을 다 당했다. 마치 행각승이 동으로 서로 흘러 다니며 전생에 지은 한량없는 빚을 갚기 위해 욕을 얻어먹는 꼴과 같다고나 할까. 다 갚았건 못 갚았건 간에 이 모두가 끝나지 않은 인과(因果)의 업보라 할 것인데, 어느 때나 조계(曹溪)의 한 숟가락 물을 얻어서1_ 전생에 지은 여러 죄를 다 씻어 낼 수 있을지 모르겠다. 다만, 그때의 고달팠던 생활을 기록해 둘 따름이다. 1616년 섣달그믐에 방옹(放翁)이 쓴다.

가족과 함께 강변에 와 머문 지 얼마 되지 않아서, 식구들은 딸자식의 혼인 때문에 서울에 가고 나만 홀로 강변에 남게 되었다. 그런데 하룻밤 사이에 강바람이 매섭게 불어와 새벽에 일어나 바라보니 강물이 조금씩 얼어붙고 있었다. 긴긴 밤, 잠은 오지 않고 객사의 등불만 빛나는데 마침 동생의 편지가 있어서 읽다 보니 더욱 마음이 서글퍼졌다. 십 년 동안 재상으로 있다가 하룻밤 만에 차디차게 푸대접 받는 신세가 되어 버리다니, 어쩌

1_ 조계(曹溪)의 한 숟가락 물을 얻어서: 다음의 일화를 바탕으로 한 말이다. 중국 당송 시대 덕소 국사(德韶國師)라는 승려가 있었는데, 어느 날 '조계의 한 방울 물'을 화두로 삼아 내린 가르침을 듣고는 그 자리에서 불법을 깨쳤다고 한다. 여기서 조계(曹溪)는 중국 선종(禪宗)의 여섯 번째 종장 혜능(慧能)이 불법을 가르쳤던 산 이름이자 그의 별호(別號)이다.

면 전생에 지은 죄 때문에 그런 것일까?

강가에 머문 지 십여 일 되던 날, 큰딸이 문안을 왔다가 가려는 길에 급작스럽게 낙태를 해서 피를 쏟았다. 큰딸이 생사를 알 수 없는 상태로 오래도록 병상에 누워 있었으므로, 나는 옆집 점막으로 거처를 옮겼다. 그런데 마침 점막 아낙네가 벽 하나를 사이에 두고 아이를 낳아서 매일 밤마다 애 우는 소리가 새벽까지 들려와, 밤에는 도시 잠을 이룰 수 없었고, 낮에도 참선 중인 중 마냥 종일 벽만 쳐다볼 수밖에 없었다. 나쁜 일이 연거푸 일어나는 것이 어찌 이다지도 심하단 말인가.

찾아오는 손님 가운데 너그럽게 이야기하고 위로해 주는 자가 있으면 나도 친절한 말로 답해 주고, 세태를 아파하고 시속을 걱정하는 자가 있으면 나도 괴로워하는 말로 답해 주기만 할 뿐 다시는 맘속 생각을 밝히지 않았다. 그런데 나의 관심과 생각이 더 이상 세상에 있지 않다는 걸 모르고서, 세상 사람들은 천태만상으로 제각각 시끄럽게 떠들며 겉 다르고 속 다른 말들을 해 대었다. 하지만 내 입장에서는 그저 잠자코 들어줄 따름이었다.

1616년 9월 18일, 조정에서는 선조의 유신들에게 죄를 더 내려야 한다는 의론이 일어났다. 광해군은 이이첨(李爾瞻)이 중심이 되어 일으킨 이러한 대론을 결국 받아들였는데, 신흠은 그 소식을 듣고 같은 해 10월 노량 강변에 와서 명을 기다렸다. 그러나 12월이 되어도 결론이 나지 않자, 근 86일간을 강가에서 지내야 했다. 이 글은 그때 지은 것이다.

백사에게 보낸 편지 2

공께서 보내 주신 시편을 읽어 보니 마치 얼굴을 맞대고 이야기하는 것 같았습니다.

제가 어찌 공께서 일러 주신 뜻을 저버리지 않도록 십분 노력하지 않겠습니까? 한음(漢陰) 공의 죽음에 부친 글[1]은 기휘(忌諱)해야 할 말들이므로 비밀에 부치겠습니다. 그분의 거룩한 인품이 사라져 가는구나 생각되어 한 번 눈물을 흘렸습니다. 천리(天理)와 인위(人爲)가 서로 번갈아 이기지만 선과 악은 절대 바뀌는 법이 없습니다. 한없이 후세가 이어질 것인데 어찌 속일 수 있겠습니까?

죄 지은 저는 언제 떠날지 모르는 채 아직도 강가에서 머물러 있습니다. 사람들의 왕래가 끊기어 객사는 적막하기만 한데, 날마다 조용히 앉아 있자니 면벽하고 수행하는 중 같습니다. 실로 덤덤한 삶이긴 하나 무미건조한 가운데 맛이 있다고 할 만하니 그런대로 위안이 됩니다.

듣건대 새로 지으신 집[2]이 자못 경치가 좋다고 하던데, 이것이야말로 공께서 아무 구속도 없는 즐거움을 얻으신 것이라 생각됩니다. 하지만 그 연못과 집 사이에서 못다 한 이야기를 들

1_ 한음(漢陰) 공의 죽음에 부친 글: 이항복이 이덕형(李德馨, 1561~1613)의 죽음 앞에 쓴 묘지문(墓誌文)을 말한다. 이항복과 이덕형은 우리에게 잘 알려진 '오성과 한음' 이야기의 주인공으로, 어려서부터 단짝 친구 사이였다. 그런데 이덕형이 계축옥사 때 영창대군의 처형을 반대하다 삭탈관직되고 병으로 죽자, 이항복은 그의 죽음을 통곡하는 묘지문을 지었다. 그 묘지문에는 국사를 걱정하고 시세를 한탄하는 대목이 많았던 터라 공개를 꺼렸던 듯한데, 신흠이 읽기를 청하자 이항복은 특별히 당부하며 편지와 함께 묘지문을 보내 주었다.
2_ 새로 지으신 집: 백사 이항복이 1616년에 정인홍의 공격을 받아 망우리로 옮겨 와 살면서 지은 동강정사(東岡精舍)를 가리킨다.

을 길 없으니 흠은 서글픔 속에서 이만 줄일 뿐입니다.

유배의 명을 기다리며 노량 강변에 있을 때 쓴 편지이다. 기휘해야 할 내용을 다룬 이덕형(李德馨)의 묘지문을 신흠에게 선뜻 건넨 데서 알 수 있듯, 이항복과 신흠은 서로에게 마음을 허여한 각별한 사이였다. 까닭에 이 편지에서 신흠은 이덕형의 죽음을 자신의 일인 양 슬퍼하고, 언젠가 선악이 판별될 것이라며 이항복을 위로하고 있다. 고난 속에서도 뜻을 꺾지 않던 신흠과 이덕형, 이항복의 모습을 확인할 수 있는 글이다.

청음에게 보낸 편지 2

　유배 가던 날 그대의 집에서 점심을 먹었고, 열지(說之)가 술을 가져와 전별해 주었었죠. 곡진하게 이야기 나누며 그대에 대해 걱정했는데, 유배지에 이르러서는 더욱 잊지 못했습니다. 얼마 안 되어 죽음(竹陰) 공이 쫓겨났다는 소식을 듣고 그대에게 여파가 미칠까 걱정되어 여러 날 마음을 졸였는데, 유생(柳生)을 통해 전해 온 편지를 받으니 마치 딴 세상 소식을 들은 것 같아 그지없이 위안이 되었습니다.
　흠은 예전처럼 지내고 있습니다만 근심과 함께 살고 있으니 이를 어찌한단 말입니까. 비록 옛사람은 "천명(天命)을 깨닫고 즐겁게 산다"라고 했지만 이 또한 억지로 한 말이 아닌가 싶습니다. 그대도 "우리들이 당한 일을 옛사람이 겪었더라면 그들도 즐거워할 겨를이 없었을 것이다"라고 하셨는데, 실로 깨달음이 있는 말이라 생각됩니다.
　춘천까지 가는 길은 그리 멀지 않지만 산세가 험준해 말을 버리고 걸어야 했습니다. 그때 문득 채원정(蔡元定)[1]이 도주(道州)로 압송되어 다리에 피가 흐를 정도로 걸었다는 이야기가 생각나, 우리의 고통은 이에 비하면 아무것도 아니구나 싶어 애오

1_ 채원정(蔡元定): 1135~1198. 중국 남송 시대의 성리학자. 주희의 벗이자 학문적 동료로, 주희와 함께 성리학의 체계를 세웠다. 동시대 한타주(韓侂冑)란 인물이 주자학을 위학(僞學)이라 비난하고 공격할 때, 도주(道州)로 귀양 보내진 바 있다.
2_ 양만리(楊萬里): 1127~1206. 중국 남송 시대의 시인. 육유, 범성대, 우무와 함께 남송사대가로 불린다. 그는 『성재역전』(誠齋易傳)에서 의리역의 입장에서 주역을 풀이한 바 있다.

라지 스스로를 달랬습니다. 그런데 보내주신 편지에서 이 점을 언급하시다니 감사하고 감사할 따름입니다.

양만리(楊萬里)[2]가 주역의 괘를 풀이하면서 "중니가 광(匡) 땅에서 포위를 당했던 것은, 그곳 백성에게 포악한 짓을 일삼던 양호(陽虎)와 비슷하게 생겼기 때문이었다. 재앙이 닥쳐도 부끄러워하지 않는 것은 성현과 군자만이 능한 일이다"라고 했었는데, 일찍이 그의 글을 읽고서 '사람을 매우 분발케 하지만 부끄럽거나 안 부끄럽거나 간에 재앙이 오면 당하는 것일 뿐 성현이 사람들에게 뭣이 부끄러웠겠는가' 싶어 책을 보며 한 번 웃은 적이 있었습니다. 지금 그대를 위해 이런 제 생각을 말씀드려 봅니다.

1617년 춘천에 유배된 직후 쓴 편지이다. 그해 1월에 신흠은 유배 길을 떠나면서 가는 길목에 있는 청음 김상헌의 안동 집에 들러 점심을 먹고, 열지 박동열(朴東悅, 1564~1622)의 전별을 받았다. 편지의 첫 구절은 그때의 일을 언급한 것이다.

춘천에서 지낸 날들의 기록

모르겠다. 내가 무슨 죄를 졌기에 벼슬이 깎이는 것도 부족해서 내쫓김을 당하고, 내쫓김을 당하는 것도 부족해서 이렇게 갇힌 몸이 되었단 말인가. 하지만 춘천이 제아무리 후미진 곳이라 해도 사람을 죽일 수야 있겠는가. 이때 쓴 글을 모아 책으로 묶고는 '춘천에서 보낸 날들의 기록'이라 이름 짓는다. 1617년 가을에 방옹(放翁)이 쓴다.

춘천에 도착하니 이곳에도 사대부가 많아 찾아오는 이들이 줄을 이었다. 그러나 모두가 예전부터 알던 얼굴이 아닌지라 서로 대하매 썰렁하기만 하였다. 문을 닫고 홀로 앉아 있으니 그래도 좀 나았다.

노량진 강변에서 겨울철 석 달을 보내는 동안 근력이 죄다 소진되었으므로, 춘천에 도착해서는 정신과 자세를 바로잡고 서책을 공부하면서 남은 날들을 보내 볼까 하였다. 하지만 경서를 읽자니 사색해야 하는 어려움이 따르고, 역사책을 읽자니 다스려졌던 날은 적고 어지러웠던 날은 많아, 매번 책을 볼 때면 갑자기 가슴이 두근거리는 것이 마치 고질병에 걸린 사람이 의학책에서 자신과 비슷한 증세를 보고선 심장이 뛰는 것과 같았다. 그러므로 경서와 역사서를 꼼꼼히 읽지 못한 채 때때로 장자의 우언이나 펼쳐 보면서 울울한 마음을 풀곤 하였다.

오늘은 선조 대왕께서 승하하신 날이다. 거의 십 년 동안 환란을 겪었건만 아직도 끝나지 않았으므로, 이 때문에 또 한 번 눈물을 흘렸다.

춘천에 와서 보니 이곳 부사(府使)인 황 공(黃公)[1]은 내가 오래전부터 알고 지내던 친구였다. 그는 나에게 작은 책상 하나를 주었는데, 나의 독서벽을 익히 알고 있었기 때문이다. 하지만 나는 이제 늙어서 책을 보는 날이 드물었고, 게다가 조정에 잘못 찍혀서 도깨비 같은 재앙을 막아 내기에도 바쁜 신세였다. 그러므로 이 책상에 기대 꿈나라로 들어가곤 했는데, 꿈을 꾸어도 주공을 뵙지는 못하였다.[2]

추포 황신(秋浦 黃愼)이 세상을 떠난데다가 동강 이항복(東岡 李恒福)마저 병에 걸렸으니, 마음속에 생각이 있은들 누가 알아줄 터이며, 말을 한다 한들 누가 이해해 줄 것인가? 소동파(蘇

---

[1] 부사(府使)인 황 공(黃公): 당시 강원도 관찰사였던 황근중(黃謹中, 1560~1633)을 가리킨다.
[2] 꿈을~못하였다: 이 책 84면 주석 2번 참조.

東坡)가 지은 '몇몇을 제외하곤 나도 경시해 왔으니, 늘그막에 이 늙은이를 누가 생각해 주랴'라는 시 구절이 바로 지금의 내 처지를 두고 한 말이리라.

시골집에 있는 사 년 동안 날마다 들리는 서울 소식이라곤 역모 죄로 사람을 죽였다는 이야기 아니면 무고로 사람을 쫓아 내었다는 이야기였으며, 우리 네 명을 주목해서 기필코 없애 버린 뒤에야 그만두겠다는 분위기라는 말뿐이었다. 예부터 지금까지 임기응변의 계교야 끝이 없었지만 오늘과 같이 심한 적은 없었다.

풀이 썩어 반디가 되고 별이 떨어져 돌이 되는 것은 사물의 변화 가운데 가장 심한 것인데, 군자가 어려움을 당하고 소인이 뜻을 얻는 것이 모두 이와 같다 하겠다.

1617년 1월에 춘천으로 유배된 뒤 그해 가을에 쓴 것이다. 각기 독립된 몇 개의 글을 엮은 것인데, 당시 작가가 느꼈을 좌절감과 외로움이 잘 담겨 있다. 무엇보다도, 책에서도 사람에게서도 위로 받지 못하던 작가의 모습이 안타깝게 느껴진다.

현옹은 말한다

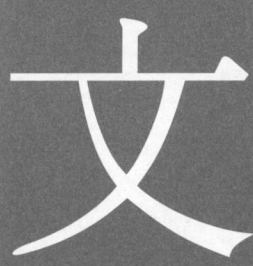

현옹은 어떤 사람인가?

현옹(玄翁)은 대체 어떤 사람인가? 그는 세상에서 글 잘 짓기로 이름났지만 글쓰기를 일삼지 않고, 조정에서 높은 벼슬을 했지만 벼슬살이를 마음에 두지 않고, 죄를 지어 외지에 귀양 갔지만 죄 때문에 흔들리지 않는다. 별달리 좋아하는 것도 없고 별달리 도모하는 일도 없이, 가난을 부유하게 여기고 풍족해도 검약하게 생활한다. 남을 사귈 때는 함부로 친해지거나 멀어지지 않고, 사물을 대할 때는 외물에 얽매여 좌지우지되지 않는다.

어려서 학문에 뜻을 두어 다양한 분야를 두루 공부했는데 샅샅이 파헤치진 못했지만 여러 학문의 근본 틀은 대강 섭렵하였다. 늙어서는 주역(周易)을 좋아해서 천지만물을 수(數)로 설명한 소강절(邵康節)의 상수학(象數學)에 관심을 두었으나 역시 대략만 알 뿐이었다. 책이라면 읽지 않은 게 없을 정도였고, 책 읽는 일 외에는 종일 느긋이 지내며 세속적인 일에 전혀 간여하지 않았다.

당대의 뛰어난 인물과 교유하여 그들 중 현옹을 아는 자가 많았지만, 어떤 이는 현옹의 문장만 알 뿐이었고 어떤 이는 현옹의 업적만 알 뿐이었다. 오직 이웃에 살던 백사(白沙)만이 현옹의 속뜻을 알았고 현옹 역시 백사의 마음을 알았는데, 백사가 바른말을 하다가 귀양 가 북녘 변방에서 죽자 현옹은 유일한 지기를 잃은 슬픔에 다시는 세상에 뜻이 없었다.

현옹은 귀양살이하면서 이렇게 자신을 형용한 적이 있다.

"현옹이라고 하자니 이는 빠지고 머리는 벗겨지고 얼굴은 핼쑥하고 몸은 비쩍 말라 옛날의 현옹이 아니고, 현옹이 아니라고 하자니 흙탕물 속에서도 더러워지지 않고 역경 속에서도 즐겁게 살아가는 것이 옛날의 현옹 모습 그대로이다. 옛날의 현옹이 아니라고 해야 옳은 말일까? 옛날의 현옹이 맞다고 하면 틀린 말일까? 나는 나 자신을 잊어버렸지만 지난날의 나답던 면모는 잃지 않았으니, 옛날의 현옹이 아니라는 말은 기실 따져 보면 옛날의 현옹 그대로라는 말과 같다.

도(道)의 관점에서 보면 천지도 하나의 손가락에 불과하고 만물도 한 마리의 말에 불과하다.[1] 흙과 물과 불과 바람이 모여 세상이 이루어졌다지만[2] 진상(眞相)은 무엇이고 가상(假相)은 무엇이란 말인가?[3] 아하, 현옹은 하늘에는 부합되지만 인간 세상에는 안 맞는 사람이란 말인가? 하늘과 통하든 인간과 통하든 나는 큰 조화의 길로 돌아가리라."

현옹의 이 이야기는 모두 사실을 말한 것이다. 저술한 글로는 「옳음을 구하는 글」과 「도연명(陶淵明)에게 화답한 시」와 잡

1_ 천지도~불과하다: 『장자』 「제물론」에 나오는 이야기이다. 도(道)의 관점에서 보면 제아무리 거대한 천지도 하나의 손가락과 다르지 않고, 끝없이 운행하는 만물도 한 마리 달리는 말에 지나지 않는다는 뜻이다.
2_ 흙과~이루어졌다지만: 흙·물·불·바람이 만물의 근원이라고 보았던 불가의 생각을 취한 것이다.
3_ 진상(眞相)은~말인가: 눈에 보이는 모든 것을 가상이라 여기고, 그 속에 감춰진 만물의 실제적 운행 원리를 깨칠 것을 강조하던 불가 사상에 입각한 말이다.

다한 시문 약간이 있는데, 이는 현옹이 남긴 찌꺼기에 불과하다. 지금 세상에 현옹을 제대로 아는 자 하나 없으니 후대에 가서 조만간 그를 알아줄 이가 있으리라고 어찌 기대할 수 있겠는가. 현옹은 금촌(金村)의 상두산(象頭山) 아래에 별장을 가지고 있었으므로 호를 상촌거사(象村居士)라고도 했는데, 세상에서 그를 현옹이라 부르기에 그냥 현옹으로 행세하고 있다 한다.

신흠이 현옹(玄翁), 곧 스스로에 대해 서술한 글이다. 자신을 '나'로 지칭하지 않고 '현옹'이라는 호를 사용함으로써 마치 다른 사람의 이야기를 하는 것 같은 효과를 거두고 있다. 이러한 서술법은 동아시아 전통 자전(自傳)에서 두루 나타나는 특징이기도 하다.

현(玄)이란 무엇인가?

나는 어렸을 적에 스스로 호(號)를 짓기를 '공경하는 마음을 지키는 집'〔敬堂〕이라 하였다가, 자라서는 '백 가지 일에 서툰 사람'〔百拙〕혹은 '남쪽 언덕'〔南皐〕이라고 했는데, 몇 해 전부터는 다시 현옹(玄翁)이라고 바꾸었다. 그러자 어느 날 손님이 찾아와 물었다.

"그대가 공경하는 마음을 지킨다고 자호(自號)한 까닭은 성인의 일을 추구한 것이요, 백 가지 일에 서툴다고 자호한 까닭은 평소의 품행을 일컬은 것이요, 남쪽 언덕이라 자호한 까닭은 실제로 살았던 지명을 따른 것이었지요. 한데 지금 와서 그간의 호를 모두 버리고 '현'(玄)1-이라고 한 까닭은 무엇입니까?"

그의 질문에 나는 이렇게 답하였다.

"세상에 형상이 있는 것은 무늬가 있게 마련이고, 무늬가 있는 것은 색깔이 있게 마련이죠. 하지만 오직 현(玄)만은 형태가 없답니다. 형체가 없으므로 무늬가 없고, 무늬가 없으므로 색깔이 없지요. 까닭에 물들여 검게 만들 수 없고, 씻기어 하얗게 만들 수 없지요. 한없이 순박하고 한없이 질박하고 헤아릴 수 없을 만큼 아득하여서 지인(至人)의 도(道)와 같지요. 보는 것을 그치

1_ 현(玄): 이 글의 묘사처럼 현은 아무 형체도 없고 아무 무늬도 없으므로 어떠한 개념으로도 규정될 수 없다. 그러나 만물이 이것으로부터 만들어지고 이것으로부터 길러지므로 천지만물의 궁극적 근거이자 시초라 할 수 있다.

고 듣는 것을 거두어들여 두루뭉실한 혼돈의 상태인데, 있는 듯 하기도 하고 없는 듯하기도 하지만 그 사이에 하나의 기운이 숨어 있는 것, 이것이 바로 내가 말하는 현이란 것이요, 오묘한 이치가 나오는 문(門)이라 하겠소.

생각건대, 인심이 박해지고 도덕이 무너져서 푸른색을 보고 흰색이라 하고, 흰색을 보고 푸른색이라 하는 실정입니다. 거북은 등껍질의 무늬 때문에 태워지고 공작은 비취빛 깃털 때문에 잡힙니다. 그러니 나는 나의 현을 지켜서 연못에 사는 택우(澤虞) 새처럼 그물에 걸리는 처지를 면해 볼까 하오."

이 얘기를 듣자 손님은 웃으며 떠났는데, 그날의 대화를 적어 현옹(玄翁)에 대한 소개를 대신하고자 한다.

만년에 현옹(玄翁)으로 자호한 까닭을 설명한 글이다. 객과의 문답체를 이용해서 현(玄)의 의미를 풀이하고 있는데, 전체적으로 노자 사상의 영향을 받고 있다. 노자에서 현(玄)은 곧잘 도(道)로 해석되거니와, 신흠은 현, 곧 도의 측면에서 세상을 보고 또 도의 측면에서 나를 보겠다는 다짐을 현옹이란 자호에 담아낸 것이다.

큰 깨달음

현헌자(玄軒子)는 자잘한 지식과 인위적 행동을 버리고, 천지자연의 성대한 기운에 드나들면서 있음과 없음을 초월하고, 감정과 감정을 일으키는 대상을 없애고는, 멍한 모습으로 어둡고 고요한 경지를 마음속으로 노닐며, 보고 싶은 것과 듣고 싶은 것을 끊어 버렸다. 그렇기에 이를 두고 '태초의 큰 기운 같다'라고 해도 그의 순박한 모습을 비유하기 부족하였고, '천지자연의 조화로운 기운 같다'라고 해도 그의 유유자적함을 비유하기에 부족하였다. 그리하여 현헌자는 장차 온화한 마음으로 노닐면서 옛날 옛적의 황제들과 벗하고 태초의 경지에 나아가려 하였다.

그런데 곁에 있던 나그네가 빙그레 웃으며 이렇게 말하는 것이었다.

"선생님께서 주무시는 걸 보면 음(陰)의 기운이 지극하여서 평온하고도 또 평온하시지요. 반면에 선생님께서 깨셨을 때를 보면 양(陽)의 기운이 지극하여서 빛나고도 또 빛나십니다. 인간의 모습을 하셨으면서도 이처럼 천지자연에 그대로 부합하시다니 까닭이 무엇인지요? 비법을 묻겠나이다."

현헌자는 자리에서 일어나 이렇게 답하였다.

"그대는 잠자는 것과 잠 깨는 것의 차이를 아는가? 그대는 도(道)란 하나라는 말을 들어 본 적 있는가? 만약 들었다면 무엇이 잠자는 게고 무엇이 잠 깨는 거란 말인가? 만물은 하나의 도로 귀결되고 그 하나의 도는 하늘에 근원을 두는바, 그런즉 외물과 내가 곧 하나인데 무엇이 뒤고 무엇이 앞이란 말인가? 외물을 대하매 마음을 비우면 하는 일마다 늘 도에 부합되지만, 외물에 집착하여 마음이 흐려지면 도와 화합할 수 없는 법이지.

눈은 귀와 같으므로 보는 것은 듣는 것과 다르지 않으며, 코는 입과 같으므로 냄새 맡는 것은 먹는 것과 별개가 아니네. 눈과 귀, 코와 입을 통해 지각하는 원리는 다 같기 때문이지. 귀함은 천함과 같으므로 천함과 귀함은 동일한 자취를 남기고, 죽음은 삶과 같으므로 삶과 죽음도 동일한 발자국을 남기네. 귀함과 천함, 삶과 죽음을 만들어 내는 원리는 다 같기 때문이지. 그러므로 무엇을 얻음도 때가 있으므로 오는 것을 피할 수 없고, 무엇을 잃음도 순리이므로 가는 것을 막을 수 없는 것일세. 까닭에 이러한 하나의 도에 통달한 사람은 환히 볼 수 있으므로 둥실둥실 떠다니는 배와 같이 얽매임이 없고, 속세에 있으면서도 바다를 나는 갈매기처럼 막힘없이 드넓게 살아가는 게지.

있음의 측면에만 주목하면 세상에 무엇 하나 이름과 내용이 없는 게 없을 테요, 없음의 측면에만 주목하면 세상에 무엇 하나

허깨비로 사라지지 않을 것이 없지. 따라서 풀은 꽃이 핀다고 해서 봄에 감사하지 않고, 나무는 잎이 진다고 해서 가을을 원망하지 않네. 그렇다면 세상 만물은 있는 것인가? 없는 것인가? 미묘하며 아득한 것인가? 누가 그 시작을 알며 누가 그 끝을 헤아릴 수 있단 말인가? 후우, 헌데 장자(莊子)는 억지로 만물을 가지런하게 보려고만 했는지.

지금 그대는 나의 잠든 모습에 대해 말하지만 내가 잠자는 것은 기실 자는 것이 아니요, 지금 그대는 나의 잠 깬 모습에 대해 말하지만 잠에서 깬다는 것은 대체 무엇을 가리키는 것인지. 잠자든 잠 깨든 실상 다 같은 것이니 그대는 어지럽게 비교하지 말지어다."

나그네는 이 말을 듣고는 일시에 의혹이 풀려 가만히 숨을 고르고 코끝을 응시했는데, 흡족해 하는 것이 마치 무슨 생각이 있는 듯하였다. 그러더니 이윽고 무릎을 꿇고서 이렇게 말하였다.

"도는 멀리 있는 게 아니라 바로 눈앞에 있는 거군요. 청컨대, 선생님을 따라 끝없는 도의 경지에서 노닐고자 합니다."

이 글의 제목인 '큰 깨달음'〔大覺〕은 『장자』「제물론(齊物論)에 나오는 말이다. 「제물론」에서 장자는 '만물을 하나로 보는 큰 깨달음'을 이루면, 이제껏 살던 인생이 한바탕 꿈이었음을 알게 된다고 말하였다. 이 글에서 현헌자(玄軒子: 신흠의 자호)가 나그네에게 만물을 가지런하게 보라고 요구한 것도 이러한 맥락에서이다. 주견과 선입견에서 벗어나 만물의 다양성을 인정하는 것, 이것이 바로 큰 깨달음의 시작이기 때문이다.

장자의 제물론1_에 대해

　이(理)란 본래 하나이지만, 현실 세계에서는 여러 모습으로 드러난다. 이가 본래 하나란 말은, 억지로 가지런히 하지 않아도 만물은 근원적으로 같다는 말이다. 반면에 이가 현실 세계에서 여러 모습으로 드러난다는 말은, 만물이 실생활에서 다양한 모습을 띠므로 강제로 모두 같게 만들 수 없다는 말이다. 성인(聖人)은 이 점을 깨달아 근원적인 하나의 이치에 밝으면서도 다양하게 표현되는 이치의 변화상을 꿰뚫어 볼 수 있었기에, 각각의 사물을 지극히 완전한 상태에 이를 수 있도록 하였다. 그러니 참으로 만물을 가지런하게 했다고 할 만하다.
　장자 늙은이의 말처럼 본래 같지 않은 것을 후다닥 억지로 같게 만들고, 본래 같지 않은 것을 모두 같다고 우긴다면, 옳은 것을 그르다고 하고, 가한 것을 가하지 않다고 하고, 그런 것을 그렇지 않다고 하는 격이 되니, 그렇다면 푸른색과 흰색이 구별 안 되고, 하늘과 땅이 거꾸로 뒤바뀌게 되어 비록 조물주라도 만물의 형태에 따라 변화하며 제 모습을 바꿔야 할 것이다. 따라서 장자는 이단의 우두머리가 되었을 뿐 공자나 맹자의 반열에는 오르지 못하였다.

1_ 제물론(齊物論): 『장자』의 편명(篇名). 이 글에서 장자는 만물이 그 근원을 따지면 모두 하나이므로 평등하게 볼 것[齊物]을 주장하였다. 현상적으로 여러 모습을 띠는 만물의 다양한 상을 그것대로 인정하되, 그 다양함을 낳게 한 원리가 하나임을 알아서 만물을 근원적으로 평등하게 보자는 것이다.

그러나 장자가 홀로 오묘한 이치를 깨달아 드넓은 지혜의 세계를 넘나들고 기이한 이야기로 자신의 생각을 빗대어 말한 것은, 후대의 글자만 달달 읽는 꽉 막힌 선비들로선 감히 그 대강도 파악할 수 없는 바이니 어찌 하찮게 볼 수 있겠는가.

주(周)나라가 망하자 천하가 나뉘어 인의(仁義)를 이익으로 여기고, 탕왕(湯王)과 무왕(武王)을 본받는다 내세우면서 나라를 훔치고 임금의 자리를 뺏는 자들이 천하에 가득 차서, 도무지 막아 낼 수 없었다. 까닭에 장자는 옳지도 않고 뼈대도 없는 말로 불평한 기운을 쏟아 내었던 것이니, 이것이 바로 그의 본뜻인 게다. 따라서 주저리주저리 이어지는 황당무계한 말 때문에 장자가 실제로 얻은 깨달음마저 싸잡아 비난해서는 안 될 일이다.

장자의 제물론을 논한 글이다. 이 글에서 신흠은 장자 사상이 일면적으로 받아들여졌을 때 일어날 수 있는 문제점은 그것대로 인정하면서도, 장자 사상이 성리학으로는 담아낼 수 없는 나름의 지혜를 포괄하고 있음을 강조하고 있다. 아마도 이 점이 바로, 장자를 이단시하던 당대의 경직된 성리학자와 신흠이 구별되는 지점이 아닐까 한다.

우물 이야기

내가 조정에서 쫓겨나 춘천에서 귀양살이할 때 호장(戶長)[1] 박선란의 집에 얹혀살았는데, 그의 집에는 옛날부터 우물이 없어 샘물을 길어다 마셨으므로 여름만 되면 더러운 물 때문에 고생이 이만저만이 아니었다. 그리하여 나는 고을 늙은이에게 물어 주인집 서북 모퉁이에 우물을 파고 벽돌을 쌓아 우물터를 만들었다. 새로 만든 우물은 물맛이 달고 물빛이 희고 맑으며, 먹어도 먹어도 마르지 않아서 즐거운 마음으로 주인과 함께 쓸 수 있었다.

그런데 얼마 뒤 한 손님이 찾아와 이렇게 말하였다.

"『주역』의 우물괘(井卦)를 보면 '군자가 우물의 덕을 본받아 백성들을 위로하고 서로 돕게 권면한다'라고 하였지요. 정말 우물이란 길러 줌이 끝이 없답니다. 우물이 길러 준다는 말은, 제 자신을 돌본다는 뜻이 아니라 백성을 돌본다는 뜻인데 백성을 돌보는 일이야말로 군자의 일이지요. 하지만 우물괘의 처음에는 '우물물에 진흙이 있어 먹지 못한다'라고 하였고, 그 다음에는 '우물이 산골짝에 있어 동이가 깨진 것처럼 물이 아래로 샌다'라고 하였고, 또 그 다음에는 '우물 바닥을 쳐낸다'라고 하였고, 다

---

[1]_ 호장(戶長): 조선 시대 향리의 우두머리.

시 그 다음에는 '벽돌을 쌓는다'라고 하였으며, 그 다음에 이르러서야 '비로소 먹는다'라고 하였고, 다시 그 다음에 이르러서야 '널리 베푸니 크게 선하다'라고 하였으니, 우물의 효용이야 크다 하겠지만 우물을 만드는 과정은 실로 험난하고 복잡하다 하겠소.

헌데 지금 당신이 세운 우물은 이미 바닥을 쳐내기까지 했으니, 벽돌 쌓고 물 길어 먹고 널리 덕을 베푸는 일이야 노력하지 않아도 순차적으로 될 테지요. 이를 그대의 상황에 빗대자면, 그대가 깊이 도를 간직하고 담뿍 덕을 지니고 있으면서도 애처롭게 쓰이지 못함이 마치 우물이 감추어져 쓰이지 못했던 때와 실로 비슷하다 하겠소. 하지만 우물괘의 마지막에 보면 '크게 선하고 길하여 우물의 도가 이루어졌다'라고 하였으니, 임금이 명철하여 복을 받게 되면 덮여 있던 우물이 파여 쓰이게 되는 것처럼, 그대 역시 널리 능력을 펼칠 수 있는 기회를 만나게 될 것이오."

그의 장황한 말에 나는 웃으며 이렇게 말했다.

"고을은 옮겨도 우물은 옮길 수 없다고 하지 않습니까? 그러니 우물이 무엇을 바라겠습니까? 우물물을 길러 오는 사람이야 물이 깊기를 바랄 테고, 우물물을 길어 가는 사람이야 동이에 물을 가득 채우길 바라겠지만 우물이야 무엇을 상관하겠습니까? 우물은 차면 내주므로 누가 길어 간다고 해서 채워지지 아니할 까닭이 없고, 비면 받아들이므로 아무도 길어 가지 않는다고 해서 항상 비워 있을 까닭이 없지요. 그런즉, 길어 가거나 말거나 우물이 무엇을 개의하겠습니까?

그런데 지금 내가 만든 우물은 사거리 큰길에 있지 않고 깊숙한 산골짝에 있는지라 여러 가게와 여러 사람들이 쓰도록 자리 잡혀 있지 못하고, 기이한 사람이나 귀양살이 온 사람이 쓰도록 자리 잡혀 있어, 그 생김새나 쓰임새가 실로 나의 처지와 비슷하긴 하지요. 내가 쓰이고 버려짐이야 이 우물의 처지와 똑같지만 모든 일이 조물주에게 달린 것이니 내 무얼 상관하겠소. 나는야 그대와 함께 향기로운 풀을 캐고 물풀을 자리 삼아 앉아서 술 한잔 기울이고 싶을 따름이오."

손님과 나눈 이야기를 글로 썼는데, 때는 정사년 4월 하순이었다.

춘천에 유배된 첫해인 1617년에 지은 글이다. '쓰임'을 중시하는 객의 태도와 이를 기필하지 않는 신흠의 태도가 대조를 이루는 작품이다. 특히 우물의 의의를 논하는 마지막 대목에서, 작가의 유연한 출처관(出處觀)과 인생관을 확인할 수 있다.

부처 사는 삶

　가진 게 많다고 해서 있는 체하는 사람은 정신 나간 자이고, 가진 게 많으면서도 가질 맘 없는 듯 꾸미는 사람은 사기꾼이고, 가진 게 많으면서 그 가진 걸 잃을까 전전긍긍하는 사람은 욕심쟁이이고, 가진 게 없으면서 기필코 가지려 애쓰는 자는 조급한 사람이다. 있으면 있는 대로 없으면 없는 대로 생활하고, 있다고 집착한다거나 없다고 애쓴다거나 하지 않아서 있든지 없든지 간에 달라지지 않는 자가 바로 옛날의 군자인데, 아마도 기재(寄齋) 영감은 이에 대해서 들어 봤을 것이다.
　왜냐하면 '기재'(寄齋) 영감의 '기'(寄) 자는 부처 산다는 말이기 때문이다. 부쳐 산다는 것은, 혹 있기도 하고 혹 없기도 해서 오고 감이 일정치 않다는 뜻이다. 사람은 천지 사이에 참으로 있는 걸까? 없는 걸까? 태어나기 전의 상태에서 본다면 본래 없는 것이요, 태어난 뒤의 상태에서 본다면 정말 있는 것이요, 결국 죽게 되는 것을 보면 다시 없음으로 돌아가는 것이라 하겠다. 그렇다면 사람이 산다는 것은 실상 있음과 없음 그 사이에서 부쳐 사는 것이리라.
　옛날에 우(禹)임금은 "삶은 부쳐 있는 것이고 죽음은 돌아가는 것이다"라고 했는데, 참으로 삶이란 내 소유가 아니고 하늘과 땅이 잠시 맡겨 놓은 것일 따름이다. 삶도 이러한데 더욱이 밖에서 오는 영욕(榮辱)이나 화복(禍福), 득실이나 이해 따위야 어떠하겠는가. 이것들은 본래 있는 게 아니라 잠시 부쳐진 것일 뿐이다. 그러니 어찌 일정할 수 있겠는가. 원래 영욕은 일정치 않고, 화복도 일정치 않으며, 득실도 일정치 않고, 이해도 일정치 않은데, 사람들은 이것에 좌지우지되어 변한다. 그 누가 알까? 일정치 않은 것은 언젠가는 변하는 법이고, 일정한 것만이 항상 변하지 않는 것임을.

변하는 것은 사람이요, 변하지 않는 것은 하늘이어서 하늘에 합치하는 자는 사람과는 맞지 않게 마련이다. 그래서 이러한 이치에 통달한 자는 말하기를 "자신이 처한 상황을 편안히 받아들이고 순순히 하늘의 뜻에 따르라"라고 했고, 성인은 말씀하기를 "마음을 화평하게 하여 하늘의 명(命)을 따르라"라고 했다.

그러므로 주어진 환경에 따르면서 집착과 구속을 버리고 진심을 다해 하늘을 섬긴다면 변치 않는 일정함으로 돌아갈 수 있는바, 그렇게 된다면 잠시 천지간에 부쳐 산다 하더라도 어느 곳에도 기대지 않게 되고 죽더라도 본래 삶 자체가 없었음을 깨달아서, 사물이 자신에게 기댈지언정 자신은 사물에 기대지 않게 되고, 형체가 마음에 기댈지언정 마음은 형체에 기대지 않게 된다. 이렇게 된다면야 어딜 가든 부쳐 살 수 없으리오.

　풀은 꽃이 핀다고 해서 봄에 감사하지 않고, 나무는 잎이 진다고 해서 가을을 원망하지 않는다. 삶을 잘 영위하는 것은 잘 죽을 수 있는 길이다. 그러므로 부쳐 사는 동안 잘 한다면 죽는 것 역시 잘 마무리할 수 있다.

　나와 기재(寄齋) 영감은 함께 죄를 지어, 나는 두메산골로 귀양 가고 영감은 바닷가로 귀양 갔는데, 나 또한 산골 거처에다 '나그네 암자'라는 편액을 달았었다. 내가 붙인 '나그네'란 말이나 기재 영감이 붙인 '부쳐 산다'는 말이나 다 똑같은 뜻이니, 같은 병을 앓는 사람이 서로 같은 길을 가는 격이리라. 우리의 나그네 처지와 부쳐 사는 생활이 언제쯤 끝날지 모르겠지만, 나그네 처지에서 풀려나고 부쳐 사는 신세에서 풀려나는 것 역시 조물주에게 맡겨 둘 뿐 나와 영감은 개의치 않는다. 다만, 지금 내가 나그네 처지에 맞게 떳떳이 살아가고 있으므로 이런 생각을 적어 기재 영감에게 보낸다.

춘천에 유배되어 있을 때 벗 박동량(朴東亮, 1569~1635)에게 쓴 글이다. 박동량 또한 신흠처럼 계축옥사 이후 삭탈관직되고 바닷가로 쫓겨났었다. 당시 그는 거처에다 '기재'(寄齋: 부쳐 사는 곳)라는 당호를 붙이고 이를 자호로 사용한 듯한데, 같은 시기 신흠도 춘천의 집에 '여암'(旅菴: 나그네 암자)이라는 이름을 붙인 바 있다.

지혜로 빚어낸
아홉 편의 이야기

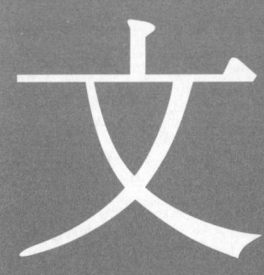

허물이 없으려면

　자신의 허물은 보되 남의 허물은 보지 않는 자는 군자이다. 남의 허물은 보되 자신의 허물은 보지 않는 자는 소인이다. 진정으로 성실히 나를 단속한다면 자기의 허물이 날마다 눈앞에 드러날 것인바, 어느 겨를에 남의 허물을 살피겠는가. 그러므로 남의 허물만 살피는 자는 자신을 단속함이 성실치 못한 자이다. 나의 허물은 용서하는 반면 남의 허물은 알아채고, 나의 허물엔 입을 다무는 반면 남의 허물은 떠들고 다니는 것, 이것이야말로 큰 허물이다. 그러므로 이러한 큰 허물을 고칠 수 있는 자야말로 허물이 없는 사람이라 하겠다.

남을 평가할 때와 자신을 평가할 때 그 마음가짐이 다르다는 것은 부끄러운 일이다. 부끄럽지 않으려면, 또 신흠의 말처럼 허물이 없으려면 자신에게는 엄격하고 남에게는 관대해야 할 일이다.

벗 사귐의 중요성

　북산(北山)의 나무가 제아무리 아름다워도 궁궐을 짓는 데 쓰려면 반드시 자르고 다듬어야 한다. 곤륜산의 옥이 제아무리 아름다워도 제후의 홀(笏)로 만들려면 반드시 쪼개고 갈아야 한다. 이와 마찬가지로, 자질이 아무리 빼어난 자라도 훌륭한 인재가 되려면 반드시 벗의 도움이 있어야 한다. 벗이 어질지 못하면 서툰 목수에게 재목을 맡긴 격이고, 모자란 장인에게 옥을 다루게 한 격이어서, 필시 제대로 된 성과를 이룰 수 없다.

근묵자흑(近墨自黑)이란 말이 있다. 검은 먹을 가까이하면 자신도 모르게 검어지는 것처럼, 함께하는 사람의 성품에 따라 나의 성품도 자연히 바뀐다는 뜻이다. 이것이 바로 아무에게나 벗의 자리를 허여할 수 없는 이유이다.

뛰어난 벗을 사귀고 싶다면

    수많은 사람들 속에 노닐면서 최고로 뛰어난 사람을 사귀지 못한다면 선비가 아니다. 그런데 스스로가 뛰어난 인물이 된 후에야 뛰어난 인물이 다가오는 법이므로, 최고로 뛰어난 이를 사귀고자 한다면 먼저 자신이 최고로 뛰어난 자가 되어야 한다.
    그런데 최고로 뛰어나다는 것은 한 가지만 있는 것이 아니다. 글 솜씨가 제일인 것도 뛰어난 것이요, 재주가 제일인 것도 뛰어난 것이요, 기술이 제일인 것도 뛰어난 것이요, 용모가 제일인 것도 뛰어난 것이요, 언변이 제일인 것도 뛰어난 것이다. 그러나 제일이라는 점에서는 같지만 내가 말하는 최고로 뛰어난 사람은 이런 부류가 아니다. 내가 말하는 최고로 뛰어난 사람은, 덕성으로 제일가고 학문으로 제일가는 그런 사람이다.

뛰어난 사람을 알아보는 눈은 아무에게나 있지 않다. 외모가 뛰어난 사람이야 누구라도 일별할 수 있지만, 신흠이 말하는 뛰어난 사람은 좀처럼 알아보기 어렵다. 그러므로 성품이 뛰어나고 학문이 뛰어난 사람을 벗으로 사귀고 싶다면, 내가 먼저 덕성을 기르고 학식을 쌓아야 한다.

말해야 할 때와 침묵해야 할 때

말해야 할 때 침묵하는 것은 옳지 못하다. 침묵해야 할 때 말하는 것도 옳지 못하다. 말해야 할 때 말하고 침묵해야 할 때 침묵하는 자, 그런 사람이야말로 군자이다.

군자의 침묵은 유원한 하늘 같고, 깊은 연못 같고, 흙으로 빚은 소상(塑像) 같다. 군자의 말은 주옥 같고, 난초 같고, 종과 북 같다. 유원한 하늘은 바라보매 그 끝자락을 알 수 없고, 깊은 연못은 굽어보매 그 밑자락을 알 수 없으며, 흙으로 빚은 소상은 마주하매 흐트러진 모습을 볼 수 없다. 주옥은 임금의 관에 구슬 장식으로 쓰일 수 있고, 난초의 향기는 사람의 마음을 깨끗이 하는 데 쓰일 수 있으며, 종과 북은 천지신명에 바칠 수 있다. 그러니 보배스럽고도 귀중하지 않겠는가.

침묵할 때는 문드러진 나무둥치 같고 말할 때는 꼭두각시 같은 자를 나는 보고 싶지 않다.

말해야 할 때를 알아서 적시에 필요한 말을 하는 것은, 지극히 말 잘하는 것이다. 그러나 지극히 말을 잘 한다 해도, 말로써 모든 상황을 해결할 수 없다. 그러므로 말하지 말아야 할 때를 알아서 침묵으로 자신을 지키는 것이야말로 진정으로 말 잘하는 것이다.

젊은이에게 하고 싶은 말

젊은이는 신중함을 최우선으로 삼아야지 경박함을 배워서는 안 된다. 신중하면서 잘못을 저질렀다는 말은 들은 적 없지만, 경박하면서 안 좋은 데로 빠지지 않았다는 말은 거의 들은 적 없다.

있어도 없는 듯, 꽉 찼어도 비어 있는 듯할 것. 공부하는 사람은 항상 이 점을 명심하고 잊지 말아야 한다.

공부하는 이가 갖추어야 할 중요한 덕목으로 '신중함'과 '겸손함'을 제시하는 글이다. 전통 시대뿐만 아니라 지금의 젊은이들에게도 합당한 조언이 아닐까 한다.

눈을 가리는 것들

키질하다가 눈에 겨가 들어가면 천지가 분별 안 된다. 손가락 하나로 눈을 가리면 태산처럼 높은 산도 보이지 않는다. 겨는 천지의 위치를 바꿀 수 없고, 손가락은 태산을 보이지 않게 할 수 없다. 그럼에도 이것들로 눈이 가려지면 천지처럼 큰 것도 분간이 안 되고, 태산처럼 높은 것도 보이지 않는다. 왜 그런가? 천지와 태산은 눈에서 멀리 있고, 겨와 손가락은 눈에서 가깝게 있기 때문이다.

임금의 곁에도 겨와 손가락 같은 존재가 있다. 안으로는 측근의 신하와 총애 받는 자가 있고, 밖으로는 요직의 인물과 권력을 쥔 신하가 있다. 측근의 신하와 총애 받는 자, 요직의 인물과 권력을 쥔 신하는 임금의 판단력을 좀먹는다. 그들은 항상 임금의 마음을 헤아려 아부하고, 임금의 기호를 파악해 진심은 감추고 영합하며, 눈과 귀를 막고 문제를 숨겨서 임금의 뜻에 맞추고, 푸른 것을 희다 하고, 뿔을 보고 말갈기라 한다. 말세의 편벽된 임금들 가운데 그들에게 눈이 가려진 사람이 얼마나 많았던가.

겨와 손가락이 눈을 가리듯, 소인은 임금의 판단력을 마비시킨다. 그런데 문제는 겨와 손가락에도, 소인에게도 있지 않다. 제 스스로에게 있다. 가까운 것에 대한 애정과 집착 때문에 마음이 흐려진 것이다. 있는 그대로 세상을 보고 제대로 판단하기 위해서는 먼저 제 마음의 거울을 닦아야 한다.

마음의 소중함

벼슬에 나아가고 물러나고 하는 것은 몸이요, 있기도 하고 없기도 하는 것은 지위요, 얻기도 하고 잃기도 하는 것은 물건이다. 이 점을 알아 올바름을 잃지 않는 것이 바로 마음이다.

전할 수 있는 것은 말이고, 기록할 수 있는 것은 글이다. 반면에 전할 수 없는 것은 정신이고, 기록할 수 없는 것은 마음이다. 따라서 말과 글은 거짓되게 지을 수 있지만 정신과 마음은 거짓되게 꾸밀 수 없다.

사람의 마음은 지극히 신비스러워 어떤 물건도 갖추지 않은 것이 없다. 그러므로 본래의 상태를 잃지 않으면 만물의 변화상을 마음속에 구비하게 된다. 이 마음을 버리고 바깥에서만 구하려 드는 것은 반닫이만 사고 그 안의 구슬은 돌려주는 격이다.

몸의 병은 고칠 수 있으나 마음의 병은 고치기 어렵다. 몸의 허물은 없애기 쉬우나 마음의 허물은 없애기 어렵다.

얼굴이나 몸은 조금이라도 이상해지면 누구나 알아보지만, 마음은 그 변화가 밖으로 드러나지 않는다. 그래서 외면에 힘쓸 뿐 정작 자신의 내면은 돌보지 않는 사람이 많다. 그런데 그들은 이 글의 표현처럼, 반닫이만 사고 그 안의 구슬은 버리는 바보인 게다.

군자와 소인

다스려지는 때라고 해서 소인이 없는 것은 아니지만 세상이 잘 다스려지면 소인이 마음대로 사악함을 펼 수 없고, 어지러운 때라고 해서 군자가 없는 것은 아니지만 세상이 혼란하면 군자가 제대로 뜻을 펼 수 없다.

다스려지는 시대에는 덕(德)을 숭상하고, 어지러운 시대에는 재주를 숭상한다. 덕을 숭상하면 군자가 나아가 쓰이는 법이고, 재주를 숭상하면 소인이 권력을 도적질하는 법이다.

군자가 소인을 다스림은 넉넉해서, 소인은 항상 틈을 보아 다시 일어난다. 반면에 소인이 군자를 해침은 늘 가혹해서, 군자는 하나도 남김없이 멸절된다.

옛날의 군자는 처신하기 쉬웠던 반면, 지금의 군자는 처신하기 어렵다. 이는 지나치게 완벽함을 요구하기 때문이다. 옛날의 군자는 알아보기 쉬웠던 반면, 지금의 소인은 알아보기 매우 어렵다. 이는 극도로 꾸며 대기 때문이다.

너무 화려한 꽃은 향기가 부족하고, 향기가 너무 진한 꽃은 색깔이 곱지 않다. 부유함을 뽐내는 자는 맑은 향기가 부족하고, 맑은 향기를 간직한 자는 형편이 어려운 경우가 많다. 그러나 군자는 오랜 시간 향기를 남길지언정 한때의 화려함은 추구하지 않는다.

순정한 군자일수록 남을 뛰어넘는 덕(德)이 있게 마련이고, 못된 소인일수록 남을 능가하는 재주가 있게 마련이다. 재주를 삼가지 않으면 안 됨이 이와 같다.

재주와 그릇이 함께 갖추어져야만 재주가 그릇에 담겨 덕(德)을 이룰 수 있다. 만약 재주만 있다면 덕(德)를 이룰 수 없을 뿐 아니라, 그 재주 때문에 악(惡)을 더욱 낳게 된다.

말재주로 남의 말을 막거나 말재주로 남을 꾀어내는 자는 모두 군자가 아니다.

남의 허물을 말하기 좋아하는 사람은 시기하는 마음이 있어서이다. 시기하는 마음이 있으면 군자가 아니다. 군자는 남에게 좋은 점이 있으면 아름답게 여기고, 안 좋은 점이 있으면 안타까워한다.

옛날의 군자는 올바르게 살기 위해 책을 읽고 글을 지었던 데 반해, 지금의 사람들은 겉모양을 꾸미기 위해 그렇게 한다.

군자는 남에게 속임을 당할지언정 차마 남을 속이지 못하며, 남에게 배신을 당할지언정 차마 남을 배신하지 못한다.

군자는 사람들이 감당하지 못한다고 해서 꾸짖지 않고, 사람들이 무식하다고 해서 창피 주지 않는다. 까닭에 원망하는 이가 적다.

군자는 덕(德)이 재주를 능가하는 사람이고, 소인은 재주가 덕을 능가하는 사람이라고 한다. 그런데 이 글의 지적대로, 다스려지는 시대에는 덕을 숭상하고 어지러운 시대에는 재주를 숭상한다면, 지금의 세상은 분명 어지러운 시대일 것이다. 요즘 세상을 살며 재승덕(才勝德)하지 않기란 어려운 일이기 때문이다.

내가 닮고픈 사람

말을 번복할지언정 옳지 못한 약속은 지키려 하지 않고, 몸이 고통을 당할지언정 예의를 벗어난 굽실거림으로 다른 사람에게 아부하지 않고, 고립무원의 처지가 될지언정 비천한 사람에게도 애정을 잃지 않았으니, 옛날의 선비는 마음가짐이 이와 같았다.

도덕에 대해 말할 때는 그 말한 바를 실천하매 어김이 없고, 문학에 대해 말할 때는 즐거워하면서 마음속으로 감동할 줄 안다면 가히 선비라 할 만하다. 나는 말한다. 그 행적을 보기보다는 그 마음을 보아야 하고, 그 말을 듣기보다는 그 행동을 살펴야 한다고.

세상사를 보면, 옳은 것이 그르게 될 수도 있고 그른 것이 옳게 될 수도 있으며, 은혜가 원수가 될 수도 있고 원수가 은혜가 될 수도 있다. 까닭에 성인은 일정한 도리를 지키면서도 변화의 가능성을 염두에 둔다.

오늘날 훌륭하게 사는 사람은 옛날에도 훌륭하게 살았을 사람이고, 작은 일을 잘하는 사람은 큰일도 잘할 수 있는 사람이다.

몸을 보존하면서도 몸에 구속받지 않고, 마음 먹은 대로 행동하면서도 마음에 부려지지 않고, 세상과 어울려 살면서도 세상에 휩쓸리지 않고, 일을 행하면서도 그 일에 얽매이지 않는다면, 거의 되었다고 하겠다.

성인은 자신을 위주로 천하를 다스리지 않고 천하 사람의 입장에서 천하를 다스린다.

세상은 성인에게 공적을 돌리지만, 성인은 그 공적이 세상 사람에게 있다고 돌린다.

어진 사람은 위를 지향하고 아래를 보지 않는 데 반해, 보통 사람은 아래를 지향하고 위를 보지 않는다.

성인은 한 가지 본 것에 집착하지 않기에 보지 못하는 게 없고, 한 가지 들은 것에 집착하지 않기에 듣지 못하는 게 없다.

지향하는 바가 없으면 현실에 안주하기 쉽고, 규범이 되는 모델이 없으면 시류에 영합하기 쉽다. 이 글의 지적처럼 '어진 사람은 위를 지향하고 아래를 보지 않는다'던데, 지금 내가 닮고자 하는 사람은, 내 인생의 모델은 과연 어떤 모습인지 생각해 보게 된다.

달빛·산빛·꽃빛에 젖어

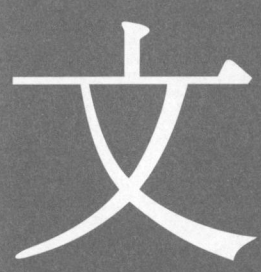

달빛·산빛·꽃빛에 젖어

　흰구름 둥실둥실, 산은 푸릇푸릇, 시냇물 졸졸졸, 바위는 우뚝우뚝. 새들의 노랫소리에 꽃들이 반기고, 목동의 콧노래에 골짝이 화답한다. 고요한 산의 경치에 내 맘 절로 한가롭다.

　봄날도 저물어 가는데 숲 속으로 걸어 들어가니 오솔길이 그윽한 곳으로 이어져 있어, 그곳엔 소나무와 대나무 마주 비추고, 들꽃 내음 향기롭고 산새 쩍쩍 지저귀더라. 거문고 안고 바위에 올라앉아 두서넛 아름다운 노래 연주하니, 이 몸이 바로 도화원 속 신선인 듯, 그림 속 인물인 듯싶더라.

　초여름 원림(園林)으로 들어가 내키는 대로 아무 바위나 골라잡고는 이끼를 털고 그 위에 앉으니, 대나무 그늘엔 햇빛이 스며들고 오동나무엔 구름이 걸려 있다. 얼마 후 산에서 홀연 구름이 피어올라 보슬비를 내리니 서늘한 기운 가없다. 의자에 기대어 혼곤히 낮잠을 자는데 꿈속에서도 아취가 있더라.

　서리 내리고 낙엽 질 때 성긴 숲 속으로 걸어 들어가 나무등

치에 앉으면, 바람결에 단풍잎이 하나둘 옷소매에 떨어지고 산새들이 나뭇가지에서 날아와 살짝 나를 엿본다. 이 순간 황량하던 대지가 맑고 운치 있게 변한다.

마음 딱 맞는 벗과 산에 올라가, 가부좌 틀고 시원스레 얘기하다가 그만 지쳐 바위 턱에 드러누우니, 파란 하늘엔 흰 구름이 둥실 날아와 창공을 휘감는다. 그 순간, 참으로 행복하고도 자유로웠다.

선승(禪僧)과 소나무 숲 바위에 앉아 인과설과 화두(話頭)에 대해 이야기하다 어느새 솔가지에 달빛이 와서 비추기에 나무 그림자를 밟고 돌아왔다.

살구나무에 보슬비 내리고 버드나무에 산들바람 불어오면, 문득 맘속에 흥취가 일어나 홀로 문밖을 나서 본다.

대나무 안석(安席)을 창가로 옮기고, 부들을 동그랗게 펴서 그 위에 앉는다. 우뚝한 산봉우리는 구름에 잠기고, 맑은 내는 바닥까지 들여다보인다. 울타리 옆엔 국화를 심고, 집 뒤엔 원추리를 가꾼다. 구렁을 높이자니 꽃이 다치겠고, 문을 옮기자니 버들이 아깝다.

어느 한 물건도 하늘의 마음을 지니지 않은 게 없고, 어느 한 물건도 우주의 원리를 간직하지 않은 게 없고, 어느 한 물건도 신비스럽지 않은 게 없다.

차 끓이고 맑은 향 사르는데 손님이 찾아옴도 기쁜 일이나, 새 우짖고 꽃 지는데 찾아오는 사람 하나 없어도 그 자체로 넉넉한 법이다. 참된 흥취란 본래 맛과 향이 없는 법이니.

자연과의 경계를 잊은 작가의 모습이 아름답게 다가오는 글이다. 정말이지 인간이 인간으로서의 유한함을 잊는 때는 바로 예술과 하나 되고, 자연과 하나 되는 순간이 아닌가 한다.

산중 생활의 즐거움

뜻 가는 대로 꽃과 대죽을 키우고, 마음 가는 대로 새와 물고기를 기르는 것. 이것이야말로 산중의 소박한 경제이다.

어느 맑은 밤 편안히 앉아 등불을 은은히 하고 차를 끓인다. 세상은 온통 고요한데 시냇물 소리만 졸졸졸 들려와 이부자리도 펴지 않은 채 건듯 책을 읽어본다. 이것이 첫 번째 즐거움이다. 비바람 몰아치는 날 빗장 걸고 방을 치우고선 눈앞에 가득한 책을 흥 나는 대로 꺼내서 본다. 사람들의 왕래가 뚝 끊겨 온 세상이 고즈넉하고 온 집안이 조용하다. 이것이 두 번째 즐거움이다. 텅 빈 산에 겨울이 찾아와 소복이 쌓인 눈 위로 싸락눈 날리고, 앙상한 나뭇가지들 바람결에 흔들리고, 추위에 떠는 산새가 들판에서 우짖을 때, 방 안에서 화로를 끼고 앉아 차 끓이고 술 익힌다. 이것이 세 번째 즐거움이다.

문 닫고 마음에 맞는 책을 읽는 것, 문 열고 마음에 맞는 벗을 맞는 것, 문 나서서 마음에 맞는 경치를 찾는 것. 이것이 인생의 세 가지 즐거움이다.

산중 생활은 아름다운 일이지만 조금이라도 얽매이는 마음이 생기면 시정인의 삶과 다를 게 없고, 서화 감상은 아취 있는 일이지만 조금이라도 탐욕이 생기면 장사치와 다를 게 없다. 한 잔 술 기울이는 것이야 즐거운 일이지만 조금이라도 남의 흥취에 끌려 다닌다면 갑갑하기 그지없고, 즐겨 손님을 맞는 것이야 화통한 일이지만 조금이라도 속된 사람과 엮이게 된다면 괴롭기 그지없다.

손님 가자 빗장 내렸는데 선들바람에 해가 진다. 술동이 건듯 열어 보니 시 구절 이내 이뤄진다. 이야말로 산속 사람이 고대하던 순간이리.

뽕나무 숲과 보리밭이 위아래에서 경치를 뽐내는데, 따스한 봄날이면 까투리와 장끼 지저귀고, 비 오는 아침이면 비둘기 울음소리 들려온다. 시골살이에서만 맛볼 수 있는 멋진 풍경이로다.

흡족하게 풍류를 즐겨도 시간이 지나면 서글픈 맘이 생긴다. 하지만 고요하고도 맑은 경지에서 노닐면 시간이 갈수록 깊은 맛이 난다.

이 글에서 신흠이 말하고자 한 산중 생활의 즐거움이란 무엇일까? 나를 속박하는 욕심과 허영에서 벗어나 담박하고 가벼운 나를 찾아가는 즐거움, 바로 이것이 아니었을까. 산중 생활이라도 얽매이는 마음이 생긴다면 시정인의 삶과 다를 게 없다는 말에서, 작가가 추구하던 바를 읽을 수 있다.

산중 생활의 깨달음

세상에 단 하루도 안개 끼지 않는 새벽이 없지만 그 안개가 새벽을 어둡게 만들지 못하고, 세상에 단 하루도 구름 끼지 않는 낮이 없지만 그 구름이 낮을 밤으로 만들지 못한다.

공명심을 버리지 못하면 처자식 앞에서도 우쭐대지만, 그런 욕심을 속속들이 버리면 잠이 들어도 맑은 꿈을 꾼다.

마음을 비우면 정신이 맑아지고, 바르게 앉으면 정신이 고요해진다. 말을 적게 하고 듣는 것도 적게 하여 맑은 정신을 유지하고 목숨을 보존한다.

몸은 고요한 상태로 놔두고, 마음은 탁 트인 상태로 놔두고, 세상은 태초의 상태로 놔두고, 일은 자연스러운 상태로 놔두어야 한다.

여러 병들이야 고칠 수 있지만 속됨만은 고칠 수 없다. 속됨을 없애는 것은 오직 독서뿐이다.

글 읽기는 이로움만 있을 뿐 해가 없다. 산과 내를 사랑하는 것은 이로움만 있을 뿐 해가 없다. 꽃과 대죽과 바람과 달을 완미하는 것은 이로움만 있을 뿐 해가 없다. 단정히 앉아 고요히 묵념하는 것은 이로움만 있을 뿐 해가 없다.

세상 사람 모두가 좋아하는 글은 지극한 글이 아니다. 세상 사람 모두가 좋아하는 사람은 올바른 사람이 아니다.

광달한 벗은 속됨을 떨쳐 주고, 두루 통달한 벗은 편벽된 성품을 깨뜨려 주고, 박학한 벗은 좁은 식견을 넓혀 주고, 의기가 높은 벗은 쇠약한 사기를 진작시켜 주고, 차분한 벗은 조급한 성격을 바로잡아 주고, 단아한 벗은 화려한 취향을 사그라지게 한다.

관대한가, 각박한가는 인품을 결정하는 관건이다. 겸손한가, 교만한가는 화복(禍福)을 초래하는 관건이다. 검소한가, 사치스러운가는 빈부를 결정짓는 관건이다. 건강을 돌보는가, 제멋대로 사는가는 수명을 결정하는 관건이다.

이름을 드날리면 반드시 막중한 책임을 맡게 마련이고, 너무 기교를 부리면 뜻밖의 어려움을 당하게 마련이다.

사치스럽게 사는 사람은 늘 부족함을 느끼지만, 검소하게 사는 사람은 늘 여유롭고 넉넉하다.

천하의 일이란 서로 갖겠다고 다투면 늘 부족한 법이고, 서로 양보하면 넉넉하게 되는 법이다.

살면서 어느 날이라도 선한 말을 들었거나, 선한 행동을 보았거나, 선한 일을 행했다면 그날은 헛되이 산 것이 아니다.

살다 보면 어쩔 수 없이 사람과 사물에 부딪쳐 마음이 들뜨게 된다. 하지만 들뜨고 거품이 생겼다 해서 그 아래 가라앉은 본래의 마음까지 사라지진 않는다. 이 글의 표현대로 '하루도 안개 끼지 않는 새벽이 없지만 그 안개가 새벽을 어둡게 만들지 못하고, 하루도 구름 끼지 않는 낮이 없지만 그 구름이 낮을 밤으로 만들지 못하는' 것처럼 말이다.

해설

자유롭고 부드러운 마음의 작가, 상촌 신흠

1

상촌 신흠(象村 申欽, 1566~1628)은 조선 중기를 대표하는 정치가이자 사상가이며, 한문학 작가이자 시조 작가이다. 조선 시대 대부분의 문인이 관리이자 학자였지만, 신흠만큼 역사와 사상사 그리고 문학사에 걸쳐 의미 있는 자취를 남긴 이는 드물다. 그래서 그의 글을 읽다 보면, 하나의 인물 안에 얼마나 다채롭고 풍부한 면모가 있을 수 있는가를 실감케 된다.

비단 그것은 신흠의 글이 여러 주제를 다루기 때문만은 아니다. 그는 강한 목소리를 내며 하나의 생각을 향해 돌진하는 작가가 아니다. 자신의 생각을 내세우기 전에 다른 사람의 얘기를 먼저 받아들이고, 자신과 타자와의 차이점을 발견하기보다는 그 공통점에 관심을 갖는 작가이다. 자신만의 완결된 체계를 구축하기보다는 체계로 다 설명할 수 없는 대상의 가능성에 주목하므로, 그의 글은 하나의 논리로 관통되지 않으며, 한눈에 일별할 수 있는 명료함을 갖추지 않고 있다. 그래서 어떠한 개념이나 추상어로도 전체를 포괄해 내기 힘들다.

그럼에도 불구하고 이 책에서는 신흠의 글을 몇 개의 주제로 묶어 제시하였다. 역자의 판단에 따라 지금의 독자에게 의미 있을 법한 작품을 뽑고, 시와 산문을 주제에 따라 각각 5부로 나누어 실었다. 선집을 만들기 위한 불가피한 선택이었는데, 다수의 독자들이 신흠에게 다가가기 쉽도록 몇 갈래 길을 제시한 것이지 어떤 고정된 독법을 확립하려는 의도는 없다. 이 점을 미리 밝혀 두면서, 역자가 놓은 길을 따라 신흠의 글 속으로 들어가 보기로 한다.

2

신흠이 살던 시대

신흠은 조선 중기, 그중에서도 16세기 말과 17세기 중엽에 이르는 격동의 시기를 살다 갔다. 이 시기 조선은 근 7년간 계속된 왜란으로 나라의 존립이 심각하게 위협 받았고, 여진족이 동아시아의 새로운 강자로 부상하면서 중국과의 관계를 새롭게 설정해야 하는 기로에 놓여 있었다. 더군다나 국내 정치에서도 크고 작은 사건이 거듭되었다. 선조의 왕위 계승을 둘러싸고 여러 갈등이 불거져 나왔고, 선조를 이은 광해군이 반대파를 인정치 않는 독단적 정치를 하였으며, 그 결과 인조를 새로운 왕으로 추대하는 반정이 일어났다. 이처럼 임진왜란과 정묘호란, 광해군의 실정과 인조반정으로 대변되는 거대한 변화의 시기, 그 안에 신흠이 자리하고 있다.

그는 현실 정치의 전면에서 변화의 소용돌이를 직접 경험하였거니와 이 시기에 일어난 여러 사건 중에서도 '임진왜란'과 '광해군대의 정치적 시련'은 그의 삶과 작품에 지대한 영향을 미쳤다. 우선, 임진왜란은 신흠으로 하여금 조선의 현실에 대해 실제적으로 인식하게 하였고, 지식인으로서 어떻게 살아야 할 것인가에 대한 일정한 방향성을 마련하게 하였다.

난리 때를 만나
관리가 된 몸.
처음 뜻 그랬겠냐만
세상사에 얼기설기 뒤엉켜,
나라 걱정하는 애타는 충정으로
하염없이 물러나지 못하고 있다.
임금님 계신 곳 높고 높지만
조만간 그곳에 다다르리라.

―「나라 위한 마음」

27세 때 임진왜란이 발발하자 그는 전쟁의 일선에서 종사관(從事官)으로 활약하며 나라의 존립을 위해 힘썼다. 전란의 현장에서 참화를 직접 목도하였으므로 그에게 나라의 안위와 자신의 삶은 분리될 수 없는 것이었다. 나라가 붕괴될 뻔했던 위기의 시기, 전장에서 군민을 통솔하였던 경험은 그로 하여금 누구보다도 절실히 조선의 참담한 현실을 파악하게 했기 때문이다.

그러므로 그는 평생 현실에 대해 비판적 입장을 취했으면서도 현실정치의 일선에서 물러나지 않았으며, 광해군 정권 아래서 무수한 압박과 좌절을 겪으면서도 사회에 대한 관심의 끈을 놓지 않았다. 그런데 이처럼 그가 전란을 겪으며 사회의 실제적 문제에 관심을 기울이게 되었다면, 이러한 관심이 더욱 심화되고 발전하게 된 것은 광해군대를 지나면서부터였다.

광해군 재위 5년째인 1613년에 선조의 적자인 영창대군을 새 왕으로 추대하려는 역모 사건이 일어났다. 신흠은 이 일과 직접적 관련이 없었지만, 선왕으로부터 영창대군의 보필을 부탁받은 일곱 신하〔遺敎七臣〕중 하나였다는 이유로 반대파의 공격을 받아 김포로 쫓겨났다. 그리고 1617년에 영창대군의 생모인 인목대비를 폐위시키는 문제가 논의되자 다시금 죄가 더해져 춘천으로 유배되었다. 그리하여 신흠은 그의 나이 49세 때 파직되어 고향인 김포에 내려가 5년을 지내야 했고, 다시 1617년에 춘천으로 유배되어 그곳에서 5년여의 시간을 더 보내야 했다.

임진왜란이 조선 사회 외부로부터 온 충격이었다면 광해군 대의 실정(失政)은 조선 사회 내부로부터 일어난 것이란 점에서 더욱 큰 상처를 남겼다. 그가 보기에 당대의 집권층은 겉으로는 도덕과 의리를 말하지만 알고 보면 이익과 권세에만 밝을 뿐이었다. 또한 이들은 아래 글에서 지적하듯,

문성공(文成公) 왕수인(王守仁)이야말로 진정한 유자이다. 유학자이면서도 군사를 잘 통솔해 몸소 험준한 곳까지 달려가 저 한(漢)나라의 저명한 장군 복파(伏波)와 이름을 나란히 했으니 장하다 하겠다. 세상에서는 그의 학문이 잘못됐다고 비난하지만, 학문이란 본래 현실에 적용할 수 있어야 귀한 것이다. 나라의 경제와 국방에 관한 일이 어찌 유학자가 해야 할 몫이 아니겠는가? 그렇건만 경전의 글귀나 뒤적이는 자들은, 걸핏하면 인간의 마음이 이러니저러니 말하면서도 막상 정사를 처리하는 자리에 앉혀 놓으면 멍하니 어떻게 해야 할지 모른다. 이런 지경인데 대군(大軍)을 맡아 큰 공적을 세우는 일이야 말해 무엇 하겠는가?

―「진정한 유자」 중에

늘상 고담준론을 일삼지만 막상 정사를 맡으면 제대로 할 줄 아는 게 없었다. 성리학적 세계관에 갇혀 관념적인 논의에만 몰두하다 보니 정작 공부의 근간이 되어야 할 현실에서 멀어졌기 때문이다. 그리하여 신흠은 '학문이란 본래 현실에 적용할 수 있어야 귀한 것'이라는 전제 아래 순수 주자학자가 아닌 왕양명(王陽明)을 진정한 유자로 평가하는 데 주저하지 않는다. 그가 생각하기에 진정한 유자는 나라의 경제와 국방 등 실무에 밝은 지식인이어야 하며, 진정한 학문은 세상과의 끊임없는 대화를 통해 현실적 의미를 확보해야 하는 것이었기 때문이다.

이처럼 그는 방축과 유배를 전전하며 정계의 중심에서 벗어나 있는 동안, 조선 사회 전체를 전면적으로 다시 보고 나름의 사상적 기반을 갖출 수 있었다. 임진왜란이 젊은 시절 신흠에게 '앞'으로의 삶의 방향을 설정하게 하였다면, 광해군대의 정치적 시련은 이러한 방향 설정에 내적 깊이를 더하고 그 '주변'을 돌아보게 하였던 것이다.

어느 작가든 현실로부터 자유로울 수 없으므로 그 작품을 파악하기 위해선 시대적 배경을 먼저 알아야 한다. 그러나 신흠은 이러한 범연한 차원에서가 아니라 진실로 삶의 흐름이 시대의 흐름과 호흡을 같이한 작가이다. 그는 실무에 밝은 실제적 지식인이 되고자 하였으며, 이에 따라 현실 정치의 전면에서 여러 굵직한 사건을 직접 겪었다. 그러므로 신흠의 작품은 당대의 역사와 외면적으로 그리고 내면적으로 밀접한 관련을 맺고 있다.

이 책에서는 그 점에 착안하여 신흠의 글 중 당시의 정치 현실을 보여 주는 작품을 선별하여 시의 1부와 문의 1부를 만들었다. 시의 1부인 '난초는 꺾여도 향기를 남길지니'와 문의 1부인 '나라를 생각한다'는 모두 신흠이 관리로서, 지식인으로서 느끼고 생각했던 바를 모은 것이다. 여기에 담긴 글을 하나둘씩 읽어 가다 보면, 신흠이 살던 16세기 말과 17세기 중엽의 역사적 상황을 조금씩 그려 낼 수 있을 것이다.

그가 꿈꾼 세상

시의 1부와 문의 1부에서 공적인 입장의 신흠을 만났다면, 시의 2부와 문의 3부에서는 부드럽고 유연한 관점의 그를 만날 수 있다. 신흠은 여러 종류의 책 읽기를 좋아했으므로 한 가지 논설에 얽매인다든지 하나의 생각에만 함몰되지 않았다.

9만리(九萬里) 오르는 붕새 있으면
간신히 나무 오르는 메추라기 있는 법.
제각각 타고난 대로 살거늘
크고 작음을 어이 따지리.

—「제각각 타고난 대로」중에

이 시의 말마따나 큰 바람을 타고 9만리 날아오르는 붕새가 있으면 간신히 나무에 둥지를 트는 참새도 있는 법이다. 쉽게들 붕새의 입장에서 참새가 못났다고 말하지만 참새의 눈으로 보면 붕새가 수고롭게 보이지 않을까. 고정된 관점을 버리면 기존에 볼 수 없었던 대상이 눈에 들어오고, 기존에 가치 없던 것이 새로운 의미로 다가오게 마련이다.

촘촘한 네 그물보다야
성긴 까치둥지가 낫지.
성긴 까치둥지보다야
비둘기의 집 없음이 낫지.

—「거미야, 거미야」중에

그러므로 신흠은 위와 같이 있음과 없음, 정교함과 서투름에 대한 단순한 가치 매김에 회의하기도 하고, 혹은 가난함과 고귀함에 대한 일반적인 관념을 뒤집어보기도 하였다. 즉, 그는 헤아릴 수 없는 독서의 범위만큼이나 자유롭고 유연한 시각에서 세상을 보았는데, 이러한 태도는 주자학이 아닌 다른 학문에 대한 긍정과 포섭으로 이어진다.

> 어려서 학문에 뜻을 두어 다양한 분야를 두루 공부했는데 샅샅이 파헤치진 못했지만 여러 학문의 근본 틀은 대강 섭렵하였다. 늙어서는 주역(周易)을 좋아해서 천지만물을 수(數)로 설명한 소강절(邵康節)의 상수학(象數學)에 관심을 두었으나 역시 대략만 알 뿐이었다.
> ―「현옹은 어떤 사람인가?」 중에

신흠은 주자학의 비실천성을 극복하기 위해 상수학(象數學)이나 양명학(陽明學) 같은 비정통의 학문을 적극 받아들였다. 그러나 그가 기존에 배타시되던 학문의 의의를 인정한 것은 단지 실용성만을 고려한 결과는 아니었다. 주자학으로는 해결할 수 없는 현실의 제문제에 주목했던 것처럼, 그는 주자학으로는 다 담아낼 수 없는 세계의 다양함에 주목하였다.

하나의 학문, 하나의 사상은 세상을 일목요연하게 볼 수 있는 틀을 제공하지만, 그것에 안주하는 순간 시각은 고정되고 세상은 단순화될 수밖에 없다. 그러나 그는 생동하는 세계의 여러 측면을 보길 꿈꿨으므로 하나의 학문에 매몰되지 않았으며, 그 자신이 완결된 사상을 구축하려 하지도 않았다. '샅샅이 파헤치' 며 세밀하게 분석하기보다는 여러 사상을 두루 '섭렵'하며 유동적인 입장에 서고자 했다. 그에게 학문은 완결태가 아니라 세상과의 의미 수렴이 있어야 하는 과정태였기 때문이다.

이 책에서는 그러한 생각을 잘 보여 주는 작품을 모아 시의 2부와 문의 3부를 만들어 보았다. 시의 2부인 '제각각 타고난 대로'에서는 만물의 다양성과 개성에 대해 논한 글을 주로 묶었고, 문의 3부인 '현옹은 말한다'에서는 노장 사상에 입각해서 인생과 도(道), 진리에 대해 논한 글을 주로 묶었다. 여기에 실린 글은 풍부한 사유를 근간으로 하면서도 난해하지 않으므로 비교적 가볍게 그리고 흥미롭게 읽을 수 있으리라 본다.

그가 일군 일상

시의 2부와 문의 3부에서 자유로운 사상가로서의 신흠을 보았다면, 시의 3부와 4부에서는 실제 삶 속에서 웃고 울고 하던 생활인으로서의 그를 엿볼 수 있다. 유배기를 전후로 해서 지은 작품엔 세상에 대한 환멸과 울분이 짙게 드리워져 있지만, 구체적인 일상을 들여다보면, 전반적으로 그는 소소한 일들에 기뻐하며 자족적인 삶을 살았다. 때로는 계절의 변화에 마음 떨리기도 하고, 때로는 풍경의 아름다움에 반해 시를 짓기도 하고, 때로는 손수 키운 농작물로 밥을 짓기도 하면서 소박한 생활을 영위하였다. 이러한 일상의 경험을 담은 시편을 모아 이 책에서는 시의 3부인 '한가히, 노곤히, 나지막히'를 만들어 보았다.

> 정하게 쌀을 찧어 새벽밥 지어내고
> 게딱지 발라내어 손님 반찬 준비하네.
> 시골 영감 뭔 일하며 지내냐고 묻는다면
> 기쁠 거 걱정할 거 없다고 하겠구려.
>
> ―「시골살이」 중에

또한 그는 소중한 사람이 떠날 적엔 안타까움에 눈물을 흘리고, 멀리 있는 벗이 생각날 적엔 가슴 시리게 보고파하였는데, 이처럼 만남과 헤어짐의 정한이 두드러진 시편을 모아 시의 4부인 '홀로 타는 마음'을 만들어 보았다.

기다림의 목마름을 애절하고도 곱게 묘사한 다음 시를 보면,

구름가 그대 그리워
꿈속에선 그곳을 찾아가건만,
가을바람에 낙엽 내리면
빈 뜰에서 초승달만 바라봅니다.

—「그리움」

올곧은 지식인으로서 혹은 자유로운 사상가로서 조명할 때와는 또다른 모습의 신흠을 마주하게 된다. 누구나 그렇겠지만 예민하고 섬세한 성격이었던 그는 고독함과 그리움에 대해서 남다른 감성을 가지고 있었다. 그런데 그가 외로움과 그리움의 시를 많이 쓴 것은 필시 유년기 때 겪은 아픔과 관련이 있어 보인다.

그는 일곱 살 때 양친을 모두 잃고 외조부의 집에서 자라났다. 어린 나이에 아버지와 어머니를 연거푸 떠나보내야 했던 경험은, 유년기의 잊을 수 없는 기억으로 남아 죽음과 헤어짐에 대해 두고두고 사유하게 했을 터이다. 그의 글 중 죽음에 대해 논한 글이 많은 것이나 죽은 이를 기리는 글이 많은 것도 이러한 연장선상에서 이해가 된다.

처음에 오길 어디서 왔으며
이윽고 떠나면 어디로 가나?

오는 것도 한때
가는 것도 한때.
나면 죽는 것 당연한 일이라
그 옛날부터 모두 그랬지.
내 진작 이를 깨닫고
가슴에 의혹 한 점 없었건만,
어찌해 이 친구 죽자
이다지도 슬픔을 견디기 어려울까.

—「추포의 죽음 앞에」

    죽음이 갈라놓은 벗을 그리워하는 위의 시를 보면, 신흠이 유한한 인간으로서 느꼈던 근원적인 고독감, 그리고 벗에 대해 가졌던 무한한 애정을 실감케 된다. 이처럼 어려서 혼자 된 결락감을 조용히 안으로 승화시키고 그 자리를 타인에 대한 도타운 사랑으로 채워 넣었던 그의 모습은, 시간과 공간의 차이를 뛰어넘어 읽는 이의 마음을 움직이게 하리라 생각된다.

십 년간의 시련, 그 시름과 절망

맨 처음 신흠은 시조 작가로 알려졌다. '한문사대가'(漢文四大家: 조선중기 문장에 뛰어났던 네 명의 대가)로 손꼽힐 만큼 빼어난 한문학 작가였건만, 정작 그가 알려진 것은 시조를 통해서였다. 우리말의 미감을 잘 살려 낸 그의 시조는 한 번 읽어도 기억에 남을 정도로 간명하고 아름답기 때문이었다. 그러나 이러한 시조가 지어지기까지의 상황을 감안해 보면, 그 안에 담긴 작가의 사연은 그리 간단치 않다.

김천택이 엮은 시조집 『청구영언』(靑丘永言)에는 서른 수의 신흠 시조와 함께 「방옹시여서」(放翁詩餘序, '방옹'은 신흠이 유배기 때 쓴 자호이다)라는 글이 함께 실려 있다. 시조의 서문에 해당하는 이 글에서 그는 "내 이미 전원(田園)으로 돌아오매 세상이 나를 버리고 나 또한 세상에 고달픔을 느꼈"으며 "마음에 맞는 것이 있으면 문득 시편을 짓고 그로써도 미진하면 이어 우리말로 노래를 지어 언문으로 기록했다"고 토로하였다. 세상과 어긋난 후 고달픈 심정을 시문으로 짓고, 그것으로도 모자라면 시조로 지었다는 말이다. 그런데 이러한 고백은 그의 시조가 김포로 쫓겨났을 때인 1613년 즈음에 지어졌다는 점에서 공감을 자아낸다. 아마도 그는 납득할 수 없는 현실에 대한 울분과 시름을 시조에다 쏟아 내었던 것이리라.

노래 삼긴 사람 시름도 하도 할샤
일러 다 못 일러 불러나 푸돗던가
진실로 풀릴 거시면 나도 불러 보리라.

―「노래 삼긴 사람」

그리하여 그는 외지로 쫓겨난 후 서른 수라는 많은 양의 시조를 남겼는데, 이 책에서는 그중 열다섯 수를 뽑아 시의 5부인 '노래 삼긴 사람 시름도 하도 할샤'를 만들어 보았다. 시조의 배열은 김천택의 진본(珍本) 『청구영언』에 실린 순서를 그대로 따랐고, 표기는 현대어로 바꾸되 고어의 표현을 최대한 살리는 방향으로 수정하였다. 고어의 표현 중 의미가 난해한 것은 시조 아래 단어풀이란을 만들어 짤막한 해설을 덧붙였다.

이처럼 신흠은 김포로 쫓겨난 후 서른 수의 시조를 쏟아 내었건만 정치적 시련은 끝날 줄 모른 채 근 10년이나 계속되었다. 처음 김포에 내려갔을 적에 이토록 오랜 시간 고통을 받게 될 줄 상상이나 했었을까.

모르겠다. 내가 무슨 죄를 졌기에 벼슬이 깎이는 것도 부족해서 내쫓김을 당하고 내쫓김을 당하는 것도 부족해서 이렇게 갇힌 몸이 되었단 말인가. 하지만 춘천이 제아무리 후미진 곳이라 해도 사람을 죽일 수야 있겠는가. (……) 오늘은 선왕께서 승하하신 날이다. 거의 십 년 동안 환란을 겪었건만 아직도 끝나지 않았으므로 이 때문에 또 한 번 눈물을 흘렸다.

—「춘천에서 지낸 날들의 기록」 중에

이와 같이 파직도 모자라 내쫓김을 당하고 내쫓김도 모자라 유배를 당하면서 그는 숱한 분노와 슬픔, 회한과 갈등을 맛보았다. 현실에 대한 실망으로 고통스러워하였고 지난 삶에 대한 회의와 미련에 절망하기도 하였다.

경서를 읽자니 사색해야 하는 어려움이 따르고, 역사책을 읽자니 다스려졌던 날은 적고 어지러웠던 날은 많아서, 매번 책을 볼 때면 갑자기 가슴이 두근거리는 게 마치 고질병에 걸린 사람이 의학책에서 자신과 비슷한 증세를 보고선 심장이 뛰는 것과 같았다. 그러므로 경서와 역사서를 꼼꼼히 읽지 못한 채 때때로 장자의 우언이나 펼쳐 보면서 울울한 마음을 풀곤 하였다.

—「춘천에서 지낸 날들의 기록」 중에

그리하여 위에서 볼 수 있듯, 이 시기 그는 경서나 역사서를 읽을 수 없을 정도로 고뇌와 번뇌에 시달렸다. 경서를 읽기에는 눈앞의 세상이 너무도 암담해 차분히 생각을 집중할 수 없었고, 역사서를 읽기에는 혼란했던 지난날이 지금의 현실과 너무도 비슷해 마음을 가라앉힐 수 없었기 때문이었다. 대체 얼마나 현실이 암울했기에, 또 얼마나 울분이 쌓였기에 그랬던 것일까.

그러나 만약 이런 순간이 없었더라면 그의 글은 일면적이었을지도, 지금과 같이 깊이감을 갖지 못했을 수도 있다. 그의 글을 보면, 힘든 시기를 겪어 본 사람만이 가질 수 있는 폭넓은 시야와 성숙한 마음이 과연 무엇인지를 느끼게 된다. 이 책에서는 그 점에 주목하여 방축기 및 유배기 때 지어진 편지와 일기를 가려뽑아 문의 2부인 '세상사 어려움을 겪고 보니'를 만들어 보았다.

특히 이 책에서는 신흠이 노장 사상에 기울게 된 중요한 계기가 바로 방축과 유배의 경험이었다는 판단 아래, 문의 2부인 '세상사 어려움을 겪고 보니'를 문의 3부인 '현옹을 말한다'의 앞에 제시하였다. 유배지에서 신흠은 『장자』를 자주 읽었거니와, 실제로 정치적 시련을 거치면서 노장 사상과 관련된 글을 다수 짓게 되었기 때문이다. 물론 각각의 글마다 창작 시기가 다르므로 문의 2부에 속한 글이 모두 문의 3부에 실린 글보다 시기적으로 앞선다고 할 수 없다. 다만 2부에 속한 글에서 엿볼 수 있는 신흠의 복잡다단한 심정이 3부에 속한 글을 짓도록 한 주요 원인이 되었음을 드러내기 위해서 이러한 제시 방식을 취하였다.

문의 2부와 3부에 실린 글을 보면서, 인생에서 시련이란 한 가지 빛나는 의미를 남기는 것임을 다시금 확인할 수 있지 않을까 한다.

인간과 자연에 대한 그의 생각

이외에도 신흠은 인생을 살면서 터득한 삶의 진실이라든가, 인간과 자연에 대한 나름의 생각을 짤막한 문장으로 표현하길 즐겼다. 청언(淸言: 명청시대 유행한 격언 형식의 짧은 글)이라는 새로운 글쓰기를 받아들인 것도 있겠으나, 본래 그는 생각이나 감회가 일 때면 자유롭게 적어 놓길 즐겼던 것 같다. 마치 '샅샅이 파헤치'기보다는 여러 학문을 두루 '섭렵'하길 좋아했던 것처럼, 그때그때 떠오르는 생각을 일정한 문체에 구애됨 없이 두루 담아내길 좋아했던 것 같다.

이 책에서는 그중 세계와 인간, 예술과 자연에 관한 단상을 담은 글을 모아서 문의 4부와 5부를 만들어 보았다. 먼저 문의 4부인 '지혜로 빚어낸 아홉 편의 이야기'는 현명하게 사는 법에 대해 논한 글을 묶었다. 여기서는 벗이란 우리에게 어떤 존재인가에서부터 평소 마음가짐을 어떻게 해야 하는가에 이르기까지, 일상생활에서 누구나 마주쳤을 법한 문제를 주제로 하여 세상 사는 지혜를 들려주고 있다.

자질이 아무리 뻬어난 자라도 훌륭한 인재가 되려면 반드시 벗의 도움이 있어야 한다. 벗이 어질지 못하면, 서툰 목수에게 재목을 맡긴 격이고 모자란 장인에게 옥을 다루게 한 격이어서 필시 제대로 된 성과를 이룰 수 없다.

―「벗 사귐의 중요성」 중에

그리고 문의 5부인 '달빛·산빛·꽃빛에 젖어'는 자연이 주는 기쁨과 깨달음에 대해 이야기한 글을 주로 묶었다. 신흠이 전원 생활을 하면서 쓴 글인 「야언」(野言)에서 가려 뽑은 것인데, 이 글에는 여러 사람의 문장이 섞여 들어가 있다. 그가 옛글을 보다가 문득 마음에 맞는 구절이 있으면 적어 놓고 여기에 자신의 뜻을 덧붙여서 이 글을 만들었기 때문이다. 그러나 이 책에서는 신흠이 자신의 취향에 따라 옛글을 발췌하고, 윤색하고, 덧붙여, 자신만의 글로 엮어냈다는 점을 고려해서, 개개 구절의 출처를 구분하지 않고 실었다.

그의 다른 글에서도 자연에 대한 지극한 찬사를 발견할 수 있지만 「야언」만큼 자연과 인간이 하나 된 순간을 생생하게 묘사한 작품은 없다. 여기에 실린 글을 보노라면, 자연 속에서 나를 잊음이란 바로 이런 것이구나라는 생각을 하게 된다.

서리 내리고 낙엽 질 때 성긴 숲속으로 걸어 들어가 나무둥치에 앉으면, 바람결에 단풍잎이 하나둘 옷소매에 떨어지고 산새들이 나뭇가지에서 날아와 살짝 나를 엿본다. 이 순간 황량하던 대지가 맑고 운치 있게 변한다.

—「달빛·산빛·꽃빛에 젖어」 중에

위에서처럼 자연이 작가의 마음으로 들어오는 것인지, 작가 자신이 대자연의 풍경으로 수렴되는 것인지 가늠할 수 없는 표현을 자주 발견하게 된다. 어떻게 그는 이처럼 자연과 교감하고 하나 될 수 있었을까?

어느 한 물건도 하늘의 마음을 지니지 않은 게 없고, 어느 한 물건도 우주의 원리를 간직하지 않은 게 없고, 어느 한 물건도 신비스럽지 않은 게 없다.

—「달빛·산빛·꽃빛에 젖어」 중에

그것은 신흠이 사물 안에 내재한 아름다움을 느낄 수 있는, 섬세하고도 투명한 마음을 가졌기 때문일 것이다. 위에서 볼 수 있듯 그에게 사물은, 어느 것 하나 하늘과 우주의 신비를 보여주지 않은 게 없었다. 그의 마음은 외부의 사물에 지극히 열려 있었으므로 자연 안에서 자신을 응시할 수 있었고, 다시 자신 안에서 자연을 발견할 수 있었다. 이에 그는 작은 사물 앞에서도 겸허할 수 있었으며, 자연에 깃든 신비로움에 자신을 맡기고 동참할 수 있었던 것이다. 문의 5부에 투영된 이러한 신흠의 마음은, 도시적 삶에 익숙한 오늘의 우리에게 아름다운 느낌을 선사하리라 믿는다.

3

신흠의 글은 묶여 있을 때보다는 흩어져 있을 때, 분석적으로 나누어 있을 때보다는 느슨한 듯 합쳐 있을 때 더 맛이 난다. 그러므로 신흠에게 관심을 갖는 적극적인 독자를 만나서, 이 책에 소개된 시와 산문이 주제를 넘나들며 합쳐지고 새로운 제목 아래 재배열될 수 있다면, 신흠에게도 역자에게도 행복한 일이 될 것이다. 이 책이 그러한 작업을 일으키는 작은 단초가 되길

희망한다.

　끝으로, 신흠의 작품 전편을 읽고 싶은 독자는 『국역 상촌집』(민족문화추진회, 1996)을 보길 바란다. 그리고 신흠의 학문과 자연관에 대해 자세히 알고 싶다면, 『한국의 생태사상』(박희병, 돌베개, 1999)에 실린 「신흠의 학문과 사상」 및 「신흠의 자연시학」을 읽어 보길 바란다. 그외 신흠의 시조에 대해 전문적으로 접근해 보고 싶다면, 「신흠 시조의 해석 기반」(성기옥, 진단학보 81호, 1996)과 「상촌 시조 30수의 짜임에 관한 고찰」(김석회, 고전문학연구19집, 2001)을 참조하길 바란다.

신흠 연보

작품 원제

찾아보기

신흠 연보

1566년(명종 21), 1세 — 개성부 도사(開城府都事) 신승서(申承緒)의 2남 2녀 중 장남으로 태어나다.

1572년(선조 5), 7세 — 양친을 잃고 외가에서 자라나다.

1573년(선조 6), 8세 — 외조부 송기수(宋麒壽)에게 글공부를 배우기 시작하다.

1585년(선조 18), 20세 — 진사시와 생원시에 합격하고, 다음해 문과(文科)에 장원급제하다.

1589년(선조 22), 24세 — 예문관 검열(檢閱)·대교(待敎)·봉교(奉敎)를 역임하다.

1592년(선조 25), 27세 — 임진왜란이 발발하자 순변사(巡邊使) 신립(申砬)을 따라 조령전투에 참가하고 정철(鄭澈)의 종사관으로 활약하다.

1594년(선조 27), 29세 — 서장관(書狀官)으로 명에 다녀오다. 이때 「사행길」을 짓다.

1599년(선조 32), 34세 — 장남 신익성(申翼聖)이 선조의 딸 정숙옹주(貞淑翁主)와 혼인하다.

1603년(선조 36), 38세 — 예조 참판, 병조 참판, 예문관 제학, 홍문관 부제학, 성균관 대사성을 역임하다.

1606년(선조 39), 41세 — 영위사(迎慰使)가 되어 명나라 사신 주지번(朱之蕃)을 의주에서 맞이하다.

1608년(선조 41), 43세 — 2월에 선조가 승하하고 광해군이 집권하다. 광해군의 대사헌 제수를 거듭 사양하다.

1609년(광해군 1), 44세 — 세자책봉 주청사(奏請使)로 명나라에 다녀오다.

1613년(광해군 5), 48세 — 계축옥사(癸丑獄事) 때 유교칠신(遺敎七臣: 선조로부터 영창대군의 보필을 부탁받은 일곱 신하) 중 하나로 지목되어 파직되다. 양포(楊浦) 강가에서 체류하다가 김포로 내려가다. 「방옹시여서」(放翁詩餘序)를 짓다.

1614년(광해군 6), 49세 — 숙부 신광서(申光緖)의 집에 얹혀살다가 이해 2월 동자산(童子山) 기슭에 집을 짓고 이사하다. 「선천규관」(先天窺管)을 짓다.

1616년(광해군 8), 51세 ─ 광해군이 인목대비(仁穆大妃)를 폐위시키려는 것에 반대하다 죄가 더해져 이해 겨울 노량 강변에서 유배의 명을 기다리다. 「산속에서 혼자 하는 말」과 「강가에서 지낸 날들의 기록」을 짓다.

1617년(광해군 9), 52세 ─ 1월에 춘천으로 유배되다. 「화도시서」(和陶詩序), 「유배 간 동지들에게」, 「우물 이야기」를 짓다.

1621년(광해군 13), 56세 ─ 8월에 사면되어 김포로 돌아오다.

1623년(인조 1), 58세 ─ 부인 이씨가 사망하다. 인조반정 직후 이조판서 및 홍문관 대제학·예문관 대제학에 임명되다.

1627년(인조 5), 62세 ─ 정묘호란이 일어나자 세자의 남하를 호위하다. 이 해 9월에 영의정에 제수되다.

1628년(인조 6), 63세 ─ 6월 29일 병으로 사망하다.

작품 원제

난초는 꺾여도 향기를 남길지니

· 사행길 ── 용만객영(龍灣客詠) 021p

· 거지의 말을 듣고 ── 걸자(乞者) 022p

· 나라 위한 마음 ── 상시(傷時) 023p

· 오랑캐를 걱정하며 ── 북로장심지주천조(北虜張甚至奏天朝) 024p

· 오랑캐 침략 소식에 ── 문변경(聞邊警) 025p

· 목릉 아래에서 ── 목릉하유감(穆陵下有感) 027p

· 조정 소식을 듣고 ── 문조의장가죄부득즉귀전사고류강상대명(聞朝議將加罪不得卽歸田舍姑留江上待命) 028p

· 송충이 ── 수충음(樹虫吟) 029p

· 농부의 탄식 ── 농부탄(農夫嘆) 032p

· 김포에서 ── 병진팔월(丙辰八月) 034p

· 심중의 말 ── 잡시(雜詩) 중 제9수 035p

· 홀로 하는 다짐 ── 을사세삼월(乙巳歲三月) 037p

· 소나무 ── 유회(維檜) 039p

· 답 없는 하늘 ── 방가(放歌) 041p

제각각 타고난 대로

· 거미야, 거미야 ── 지주(蜘蛛) 045p

· 제각각 타고난 대로 ── 전완가행(前緩歌行) 047p

· 참새 ── 야전황작행(野田黃雀行) 049p

· 물고기에게 ── 고어과하읍(枯魚過河泣) 050p

· 가련한 공작새 ── 차진자앙감우(次陳子昂感遇) 중 제33수 051p

· 까마귀와 까치 ── 아작음(鴉鵲吟) 053p

- 그물 천지 —— 잡언삼구(雜言三句) 중 제2수 055p
- 인생 —— 백년(百年) 056p
- 소리 높여 부르는 노래 —— 방음(放吟) 057p
- 가난함과 고귀함 —— 회고전사(懷古田舍) 중 제2수 059p
- 주인과 객 —— 잡흥(雜興) 061p
- 삶과 죽음 그 사이에서 —— 후십구수(後十九首) 중 제4수 062p
- 눈병 —— 안병자위(眼病自慰) 063p
- 무능한 나 —— 여어세사백무일능 희작불능음(余於世事百無一能 戱作不能吟) 067p

한가히, 노곤히, 나지막이

- 햇나물을 보내와 —— 사이실지송신소(謝李實之送新蔬) 중 제2수 071p
- 봄빛을 보며 —— 한흥(閑興) 중 제3수 072p
- 남산에 올라 —— 구한득우초목창무쇄연유회등남산망원(久旱得雨草木暢茂洒然有懷登南山望遠) 073p
- 한가히 북창에서 —— 만성(漫成) 중 제2수 074p
- 박달나무 베개 —— 굴목침명(屈木枕銘) 075p
- 낮잠 —— 오수(午睡) 077p
- 꿈같은 세상 —— 잡언삼구(雜言三句) 중 제3수 078p
- 시골 온 후 —— 차익량운잉첩성십오수시익성(次翊亮韻仍疊成十五首示翊聖) 중 제4·6·10수 079p
- 시골살이 —— 촌거즉사(村居卽事) 082p
- 일군 대로 먹고사니 —— 촌속(村俗) 086p
- 답청일(踏靑日)에 —— 답청일구호(踏靑日口呼) 087p
- 봄날의 흥취 —— 감춘증인(感春贈人) 중 제1수 089p
- 달빛 좋은 밤이면 —— 잡흥(雜興) 090p

홀로 타는 마음

· 그대 못 보는 ── 독불견(獨不見) 093p
· 떠나보내며 ── 송인(送人) 중 제2수 094p
· 그리움 ── 증기(贈妓) 중 제1수 095p
· 사랑의 고통 ── 제기첩(題妓帖) 중 제2수 096p
· 그리운 임 계신 곳 ── 유소사(有所思) 097p
· 임의 수레바퀴 되어 ── 거요요(車遙遙) 098p
· 바람에게 하는 말 ── 나가탄(那呵灘) 중 제4수 099p
· 홀로 타는 마음 ── 상가행(傷歌行) 100p
· 지봉을 보내며 1 ── 송지봉부안변(送芝峯赴安邊) 중 제2수 102p
· 지봉을 보내며 2 ── 송지봉부홍주(送芝峯赴洪州) 103p
· 추포의 죽음 앞에 ── 음주(飮酒) 중 제1수 104p
· 꿈속의 재회 ── 팔구년래친붕영락반재천하몽중시시상견각이유작(八九年來親朋零落半在泉下夢中時時相見覺而有作) 105p

노래 삼긴 사람 시름도 하도 할샤

· 산촌에 눈이 오니 109p
· 초목이 다 매몰한 때 110p
· 냇가에 해오라기야 111p
· 서까래 기나 자르나 112p
· 술 먹고 노는 일을 113p
· 얼일샤 저 붕새야 114p
· 아침엔 비 오더니 115p
· 내 가슴 헤친 피로 116p

· 한식 비 온 밤에 117p

· 창밖의 워석버석 118p

· 봄이 왔다 하되 119p

· 술이 몇 가지오 120p

· 반딧 불이 돼도 121p

· 꽃 지고 속잎 나니 122p

· 노래 삼긴 사람 123p

나라를 생각한다

· 왜적과 오랑캐 사이에서 —— 용병편(用兵篇) 중 부분 127p

· 군대와 백성에 고함 —— 유군민문(諭軍民文) 중 부분 128p

· 왜적을 막는 길 —— 비왜설(備倭說) 중 부분 130p

· 누구에게 잘못이 있나 —— 민심편(民心篇) 중 부분 133p

· 백성을 다스리는 법 —— 근민헌기(近民軒記) 중 부분 135p

· 인륜이 무너지면 —— 구정록(求正錄) 상(上) 중 부분 137p

· 임금과 권신 —— 권신편(權臣篇) 중 부분 139p

· 소인의 행태 —— 휘언(彙言) 중 부분 142p

· 가짜 선비 —— 사습편(士習篇) 중 부분 144p

· 진정한 유자 —— 휘언(彙言) 중 부분 146p

세상사 어려움을 겪고 보니

· 백사에게 보낸 편지 1 —— 답백사(答白沙) 149p

· 청음에게 보낸 편지 1 —— 기청음(寄淸陰) 151p

· 산속에서 혼자 하는 말 —— 산중독언(山中獨言) 중 부분 153p

- 강가에서 지낸 날들의 기록 —— 강상록(江上錄) 중 부분 156p
- 백사에게 보낸 편지 2 —— 답백사(答白沙) 158p
- 청음에게 보낸 편지 2 —— 기청음(寄淸陰) 160p
- 춘천에서 지낸 날들의 기록 —— 춘성록(春城錄) 중 부분 162p

현옹은 말한다

- 현옹은 어떤 사람인가? —— 현옹자서(玄翁自敍) 167p
- 현(玄)이란 무엇인가? —— 현옹설(玄翁說) 170p
- 큰 깨달음 —— 대각부(大覺賦) 172p
- 장자의 제물론에 대해 —— 서제물론후(書齊物論後) 175p
- 우물 이야기 —— 천정기(穿井記) 177p
- 부처 사는 삶 —— 기재기(寄齋記) 180p

지혜로 빚어낸 아홉 편의 이야기

- 허물이 없으려면 —— 검신편(檢身篇) 185p
- 벗 사귐의 중요성 —— 택교편(擇交篇) 중 부분 186p
- 뛰어난 벗을 사귀고 싶다면 —— 택교편(擇交篇) 중 부분 187p
- 말해야 할 때와 침묵해야 할 때 —— 어묵편(語嘿篇) 188p
- 젊은이에게 하고 싶은 말 —— 구정록(求正錄) 중(中) 중 부분 189p
- 눈을 가리는 것들 —— 거폐편(去蔽篇) 중 부분 190p
- 마음의 소중함 —— 휘언(彙言), 구정록(求正錄) 상(上) 중 부분 191p
- 군자와 소인 —— 휘언(彙言), 구정록(求正錄) 상(上), 구정록(求正錄) 중(中) 중 부분 192p

· 내가 닮고픈 사람 ── 휘언(彙言), 구정록(求正錄) 중(中), 야언(野言) 중 부분 195p

달빛·산빛·꽃빛에 젖어

· 달빛·산빛·꽃빛에 젖어 ── 야언(野言) 중 부분 199p
· 산중 생활의 즐거움 ── 야언(野言) 중 부분 202p
· 산중 생활의 깨달음 ── 야언(野言) 중 부분 204p

찾아보기

ㄱ

강홍립(姜弘立) 127
계축옥사 34, 150, 155, 158, 182
관리 23, 25, 35, 86, 127, 128, 130, 132, 134, 136, 144, 152
광해군(光海君) 28, 104, 143, 157
군자 31, 53, 121, 142, 161, 164, 177, 180, 185, 188, 192~194
권율(權慄) 23
귀양 30, 152, 160, 167, 168, 182
규원시(閨怨詩) 96
기재(寄齋) 180, 182
김상헌(金尙憲) 152, 161
김제남(金悌男) 143, 152
김포(金浦) 28, 34, 81, 85, 110, 112, 117, 150, 152, 155
꿈 20, 28, 49, 74, 76, 78, 84, 86~88, 94, 95, 102, 104, 146, 174, 199, 204

ㄴ

노량 157, 159
노량진 156, 162
노자(老子) 171
능창군(綾昌君) 143

ㄷ

도(道) 34, 62, 72, 84, 168, 170, 171, 173, 174, 178
도연명(陶淵明) 38, 168
동강정사(東岡精舍) 158
동래부사(東萊府使) 131, 132

ㅁ

명(明)나라 24, 130, 146, 152
목릉(穆陵) 27
무위(無爲) 41
문성공(文成公) 146

ㅂ

박동량(朴東亮) 182
박동열(朴東悅) 161
방옹(放翁) 153, 156, 162, 222
백사(白沙) → 이항복(李恒福)
백성 22, 24, 26, 33, 59, 127~129, 133~136, 138~140, 149, 161, 177
불가(佛家) 168
붕새 47~49, 114

ㅅ

상수학(象數學) 167
상촌거사(象村居士) 169
서장관(書狀官) 21
석우풍(石尤風) 99
선비 61, 144, 145, 176, 187, 195

240

선왕　28, 110, 117, 152, 212
선조(宣祖)　27, 28, 81, 143, 152, 154, 157, 163, 210, 211
성리학　160, 176
성인(聖人)　170, 175, 181, 195, 196
소강절(邵康節)　167
소동파(蘇東坡) → 소식(蘇軾)
소식(蘇軾)　30, 163
소인　31, 121, 142, 143, 164, 185, 190, 192~194
시골　79, 82, 83, 86, 145, 151, 164, 203
시름　57, 100, 123
신광서(申光緖)　81
신립(申砬)　23

| ㅇ |

양포(楊浦)　28
여암(旅菴)　182
여진족　24, 26
열지(說之)　160, 161
영창군(永昌君) → 영창대군(永昌大君)
영창대군(永昌大君)　28, 143, 158
오랑캐　24, 25, 102, 127
왕수인(王守仁)　146
왜구　25, 127
왜적　127, 130~132

요동　21
유배　30, 36, 104, 151, 156, 159~161, 164, 179, 182
이덕형(李德馨)　158, 159
이명준(李命俊)　135, 136
이백(李白)　58, 87, 88, 113
이수광(李睟光)　102, 103
이순신(李舜臣)　130
이이첨(李爾瞻)　157
이항복(李恒福)　104, 150, 158, 159, 163, 167, 168
인목대비　143, 152
임진왜란　23, 129~132
임해군(臨海君)　143

| ㅈ |

장만(張晩)　26
장자(莊子)　87, 88, 163, 164, 174~176
『장자』(莊子)　47, 62, 71, 76, 168, 174, 175
정인홍(鄭仁弘)　31, 158
정철(鄭澈)　23, 129
「제물론」(齊物論)　168, 174~176
종사관(從事官)　23, 129
『주역』(周易)　37, 177
지봉(芝峯) → 이수광(李睟光)

| ㅊ |

청음(淸陰) 151, 152, 160, 161

추포(秋浦) → 황신(黃愼)

춘천(春川) 160~164, 177, 179, 182

| ㅌ |

태초 35, 59, 64, 172, 204

통제사(統制使) 130~132

| ㅍ |

패관(浿關) 21

| ㅎ |

한음(漢陰) 158

현옹(玄翁) 167~171

현헌자(玄軒子) 172, 174

황신(黃愼) 104, 163